Knaur.

Knaur.

Über die Autorin:
Sigi Kube lebt in München. Als freie Redakteurin und Journalistin schreibt sie für Printmedien und den Hörfunk. Dabei faszinieren sie am meisten Themen, bei denen es Rätsel zu lösen gilt und längst Vergangenem nachgeforscht werden muss.

Sigi Kube

Der Wolf im Schafspelz tappt im Dunkeln

Die Herkunft alltäglicher Redewendungen

Knaur Taschenbuch Verlag

Originalausgabe November 2008
Copyright © 2008 by Knaur Taschenbuch.
Ein Unternehmen der Droemerschen Verlagsanstalt
Th. Knaur Nachf. GmbH & Co. KG, München.
Alle Rechte vorbehalten. Das Werk darf – auch teilweise –
nur mit Genehmigung des Verlags wiedergegeben werden.
Redaktion: Franziska Beyer
Herausgegeben von Hans Christian Meiser
Umschlaggestaltung: ZERO Werbeagentur, München
Umschlagabbildung: Juergen Gawron
Satz: Adobe InDesign im Verlag
Druck und Bindung: GGP Media GmbH, Pößneck
Printed in Germany
ISBN 978-3-426-78146-3

2 4 5 3 1

Inhalt

Vorwort

Was hat das Paternoster, also unser Vaterunser, das bekannteste Gebet des Christentums, mit dem Paternoster, also einem Aufzug, zu tun? Neugierig gemacht hatte mich die Nachricht, dass es dem Münchner *Verein zur Rettung der letzten Personenumlaufaufzüge* zu verdanken war, dass in Deutschland noch einige wenige dieser besonderen Aufzugsanlagen in Betrieb sind. Als Autorin der Hörfunkserie *Die wahre Geschichte* war mir die Suche nach Hintergrundwissen jeglicher Art vertraut. Dass es sich bei »Paternoster« um einen Begriff aus dem Neuen Testament handelt, war schnell klar – wie er es schließlich in unsere Alltagssprache geschafft hat, ist dagegen eine ziemlich spannende Geschichte.

Es sollte nicht bei dieser einen Recherche bleiben. Wir schmücken unsere Alltagssprache mit Redewendungen, die von literarisch gehoben bis zu ausgesprochen mundartlich derb reichen. Jeder kennt sie, jeder liebt sie, aber wer weiß eigentlich, woher unsere Lieblingsfloskeln stammen? Es ist bequem und praktisch, nicht lange eigene passende Worte suchen zu müssen, sondern vorgefertigte Formeln, die jeder versteht, einzusetzen. Darüber hinaus bereichern diese Worte unsere Ausdrucksweise und machen sie unterhaltsam und amüsant. Die Grenzen zwischen einer Redewendung, einer sprichwörtlichen Redensart, einem bildhaften Ausdruck oder einem Sprichwort sind fließend. Sprichwörtlich werden bildhafte Ausdrücke dann, wenn sie ständig im selben Wort-

9

laut gebraucht werden und ihre Bedeutung allgemein bekannt ist. Generell kann man sagen, dass Sprichwörter immer ganze Sätze sind, die meist eine Lebenserfahrung ausdrücken, es handelt sich also um kurzgefasste Moralpredigten.

Im alltäglichen Sprachgebrauch ist diese Unterscheidung eher unbedeutend, Hauptsache, wir werden verstanden. Wann, wo und wie eine Redensart genau ihren Ursprung hat, kann nur in wenigen Fällen nachvollzogen werden. Findet man einen schriftlich fixierten Ausdruck, kann davon ausgegangen werden, dass dieser davor schon längst in die Umgangssprache Eingang gefunden hatte. Generell gilt, dass allgemein bekannte Zitate erst dann zu Redensarten werden, wenn ihr Urheber nicht bekannt ist. Solange man ihn noch kennt, handelt es sich um sogenannte geflügelte Worte. Aber auch hier gibt es Grenzfälle, und es gilt keineswegs immer »Wer suchet, der findet«! An diesem Satz haben zumindest die Bibelfesten ihre Freude, für alle anderen ist es eben nur ein Spruch. Unzählige Ausdrücke aus der Heiligen Schrift wurden zu stehenden Redewendungen.

Besonders tiefgreifend und nachhaltig geprägt wurde die deutsche Sprache und Kultur durch den Reformator Martin Luther, der bis 1534 die gesamte Bibel ins Deutsche übertrug. Bei seiner Übersetzung schaute Luther, wie er selbst sagte, dem Volk aufs Maul, berücksichtigt also die Sprache der einfachen Leute, damit diese die Bibel und ihre Botschaft auch verstehen konnten. Er kleidete seine Gedanken in eigenwillige Ausdrücke, schuf poetische Bilder und erfand, manchmal nach tagelangem Grübeln, neue Wortspiele. In aktuellen Bibelausgaben sind diese eigenwilligen Ausdrücke zum Teil durch modernere Begriffe ersetzt worden. So wurde bei einer Revision der Luther-Bibel die Textstelle »Macht meines Vaters Haus nicht zur Mördergrube« zunächst etwas abgeschwächt, und das Wort »Mördergrube« wurde durch »Räuberhöhle« ersetzt. Seit dem Jahr 1984 heißt es nun auch nicht mehr »Räuberhöhle«, sondern der Vorwurf gegen den Tempelmissbrauch wird in einigen Bibelausgaben mit dem Satz »Macht meines Vaters Haus nicht zum Kaufhaus« beschrieben. Das ist sicher richtig und modern, aber lange nicht so drastisch wie die »Mördergrube«. Um die ursprüngliche bildhafte Ausdrucksweise erkennbar zu machen, wurde den einzelnen Texten das entsprechende Bibelzitat der Luther-Bibel aus dem Jahr 1912 vorangestellt.

Unabhängig vom persönlichen Glauben ist die Bibel eine der bedeutendsten kulturgeschichtlichen Quellen. In ihr werden nicht nur Stoffe und Motive immer wieder verwendet, sondern eben auch eine Vielzahl von Redewendungen. Selbst heutige Intellektuelle, die sich für Atheisten oder Nihilisten halten, verwenden Zitate aus der Bibel, ohne es zu wissen. Besonders in den Medien sind biblische Redewendungen beliebt, denn sie machen die Sprache bildhafter als alle anderen Vergleiche. David gegen Goliath, da denkt jeder sofort an eine Konfrontation des Schwächeren mit einem Stärkeren. Dahinter steht tatsächlich die Geschichte eines kleinen, aber mutigen Mannes, der einen Riesen mit seiner Schleuder und fünf Kieselsteinen besiegte. Einer Umfrage der Meinungsforscher zufolge würde die Mehrzahl der Jugendlichen sicher »im Dunkeln tappen«, wenn man sie nach dem »Wolf im Schafspelz« fragen würde. Die Klage über den Kultur- und Werteverlust der heutigen Gesellschaft scheint, zumindest was unsere Sprache betrifft, durchaus berechtigt. Und tatsächlich, wer nicht weiß, was es bedeutet, »jemandem die Leviten zu lesen«, oder warum man »keine Perlen vor die Säue« werfen möchte, wird manche alltagssprachliche Anspielung nicht verstehen. Verfolgen wir also die Spuren einiger der gebräuchlichsten Redensarten zurück bis zu den Wurzeln unserer abendländischen Kultur.

Tohuwabohu

»Am Anfang schuf Gott Himmel und Erde. Und die Erde war wüst und leer, und es war finster auf der Tiefe; und der Geist Gottes schwebte auf dem Wasser.«

1. Mose 1,1–2

Der erste Satz der Bibel lautet: »Am Anfang schuf Gott Himmel und Erde ...« Wie es damals ausgesehen hat, das können wir nur erahnen oder den Theorien und vagen Annahmen über die Entstehung unseres wunderbaren Blauen Planeten entnehmen. So wie die Erde sich jetzt präsentiert, hat sie zu Beginn aller Zeit mit absoluter Sicherheit nicht ausgesehen. Ganz gewiss ist es voller geworden: mehr Menschen, mehr Straßen und Ortschaften, viel Verkehr am Himmel und inzwischen auch darüber hinaus. Die Vielfalt dagegen ist inzwischen wieder kleiner geworden. Von Artensterben und Klimawandel soll hier jedoch nicht die Rede sein, sondern vielmehr von einem Wort, das Zustände beschreibt, die mit Gedränge oder auch Hektik, Unübersichtlichkeit und lautem Geschrei oder Getöse zu tun haben.

Als die spanischen Konquistadoren Südamerika erreichten, berichteten sie auch über das auf sie heillos wirkende Durcheinander von Booten, Eingeborenen, Kindern und Tieren, dem sie bei der Landung in der Neuen Welt begegneten. Dabei wählten sie ein Wort, das schon von seiner lautmalerischen Beschreibung her jenen Wirrwarr beschreibt, aus dem es kein Entkommen und keine

Rettung zu geben scheint, und das wir auch heute benutzen, wenn irgendwo in der Welt von Chaos und undurchschaubaren, unübersichtlichen Zuständen die Rede ist. Das Wort stammt aus dem Hebräischen, heißt »Tohuwabohu« und bezieht sich auf die Erschaffung der Welt und deren desolaten Urzustand. Erst die schöpferische Kraft Gottes ordnete und machte aus dem Chaos Kosmos. Der hebräische Text der Thora beginnt mit dem Satz »BeReshith bara Elohim et haShamajim v'et haArez, v'ha Arez haijtah tohu v'bohu ...«. Bei der Übertragung in die deutsche Sprache entschieden sich der Religionsphilosoph Martin Buber und der Historiker Franz Rosenzweig für die Version »Die Erde aber war Irrsal und Wirrsal«. Martin Luther wählte ursprünglich für seine Bibelübersetzung das Begriffspaar »wüst und leer«, denn »tohu« bezeichnet die »Wüstheit«, »wa« bedeutet »und«, »bohu« ist die »Leere«. Demgegenüber heißt es in aktuellen Bibelübersetzungen: »Die Erde war wüst und wirr.«

Das Wort »Tohuwabohu«, mit dem wir umgangssprachlich so gerne ein großes Durcheinander bezeichnen, steht gar nicht in unserer christlichen Bibel. Vielleicht haben die ersten Missionare das fremd klingende Wort in unsere Sprache eingebracht, jedenfalls, wenn es drunter und drüber geht, zitieren wir einen Begriff der Schöpfungsgeschichte in Hebräisch und sagen, hier herrscht absolutes Tohuwabohu.

Bei Adam und Eva anfangen

»Und Gott schuf den Menschen ihm zum Bilde, zum Bilde Gottes schuf er ihn; und schuf sie einen Mann und ein Weib.«

1. Mose 1,27

Der biblische Schöpfungsmythos berichtet auch von der Erschaffung des Menschen. Präzise wird beschrieben, wie der allererste Mensch zunächst aus Erde geformt und ihm dann Leben eingehaucht wurde. Da das erste menschliche Geschöpf ohne gleichwertigen Ansprechpartner war, beklagte es bald seine Einsamkeit. Also beschloss sein Schöpfer, Abhilfe zu schaffen. Er versetzte den Menschen in Schlaf, entnahm ihm eine Rippe und formte daraus ein zweites Wesen. Zunächst waren beide Menschen namenlos, erst in dem Moment, als sie einander sahen, wurde dem Mann bewusst, dass er ein Mann war, seine Begleitung machte er dementsprechend zur »Männin«, wie es ursprünglich uncharmant hieß. Erst nach dem verbotenen Biss in den Apfel bekam der Mann den Namen Adam, die Männin wurde Eva genannt, und gemeinsam mussten sie das Paradies verlassen.

Die Schöpfungsgeschichte beginnt allerdings nicht mit der Erschaffung des Menschen, denn zuvor war Gott bereits fünf Tage lang damit beschäftigt, Ordnung ins Chaos zu bringen. Zuerst hatte er das herrschende Dunkel erleuchtet, danach trennte er Tag und Nacht, anschließend teilte er Meere und Land und machte die Erde fruchtbar.

Sonne, Mond und Sterne bekamen ihren Platz, jede Menge Gewürm, Geflatter und Gesträuch wurde geschaffen sowie allerlei Fische fürs Wasser und Vieh für die Weiden.

Wer also im Buch Genesis bei Adam und Eva anfängt, hat Entscheidendes verpasst. Dennoch gilt derjenige, der bei seinen Erklärungen nach Meinung seiner Zuhörer zu weit ausholt und anscheinend Nebensächliches erzählt, als einer, der seine Geschichte zu umständlich bei Adam und Eva beginnt.

Ein Kainsmal tragen

»Aber der Herr sprach zu ihm: Nein; sondern wer Kain tot-schlägt, das soll siebenfältig gerächt werden. Und der Herr machte ein Zeichen an Kain, dass ihn niemand erschlüge, wer ihn fände.«

1. Mose 4,15

Das Kainszeichen ist ein Sinnbild der Schuld, die Spur der bösen Tat, die den Täter für alle Zeiten brandmarken soll. Kain, der erste Träger des sprichwörtlichen Mals, wurde von Gott für die Ermordung seines Bruders Abel gezeichnet. Dem Mord vorausgegangen waren Opfergaben der beiden Brüder. Gott verschmähte die Gabe Kains, des erstgeborenen Sohnes von Adam und Eva, das Opfer seines Bruders Abel hingegen nahm er an. Gott sieht alles, wie man weiß, deswegen nützte das Leugnen des Brudermordes gar nichts, Kain wurde bestraft. Sein Leben lang sollte er rastlos und ruhelos umherwandern, und wenn er sein Feld bestellte, sollte es unfruchtbar bleiben.

Als Kain anfing, über die Härte der Strafe zu jammern, folgte die rätselhafte Drohung Gottes, dass jeder gerächt würde, der Kain ein Leid zufügt. Damit ihn niemand in blinder Wut töte und so womöglich eine Kettenreaktion von Blutrache auslöse, bekam Kain ein Erkennungszeichen. Zwar war Kain von der Blutrache an einem Brudermörder ausgenommen und insofern tatsächlich geschützt, gleichzeitig erlitt er aber einen sozialen Tod:

Niemand sollte mit ihm in Kontakt kommen, er galt als unrein. Das Zeichen erst machte die ausgesprochene Strafe sichtbar, nämlich das zwanghafte, unstete Umherirren eines Ruhelosen, vom eigenen Gewissen Gepeinigten. Einer späten außerbiblischen Legende zufolge wurde dem unglückseligen Kain sein Zeichen im hohem Alter doch noch zum Verhängnis: Angeblich war er mit einem hornartigen Aufsatz auf der Stirn gestraft worden, mit fatalen Folgen. Man hatte ihn mit einem Hirsch verwechselt und einen todbringenden Pfeil auf ihn abgeschossen.

In unseren Tagen wird kein Verbrecher sichtbar gebrandmarkt. Das Kainszeichen gibt es aber immer noch. Wir verstehen darunter den Stempel, den wir anderen aufdrücken, um sie auf ein Bild, Urteil oder Vorurteil festzunageln, das wir uns von ihnen gemacht haben.

Alt wie Methusalem

»Methusalah war hundertsiebenundachtzig Jahre alt und zeugte Lamech und lebte darnach siebenhundertundzweiundachtzig Jahre und zeugte Söhne und Töchter; dass sein ganzes Alter ward neunhundertundneunundsechzig Jahre, und starb.«

1. Mose 5,25–27

Im fünften Kapitel der Genesis erfahren wir, was Fitness ist, denn an dieser Stelle werden die Vorfahren Noahs aufgezählt. Erstaunlich ist das hohe Alter, denn fast alle überspringen locker die Achthundertermarke, wobei Methusalem, der auch Metuschelach oder Methusalah genannt wird, mit 969 Jahren alle Altersrekorde bricht. Schon immer hat man gerätselt, wie die unglaublich hohen Altersangaben des Alten Testaments zu verstehen sind. Manche versuchten, die unrealistischen Angaben mit einem simplen Rechenfehler zu erklären, manche zogen einen Übertragungsfehler aus früheren Schriften oder aber eine unbekannte Änderung des zugrundeliegenden Zahlensystems in Betracht. Man nahm weiter an, dass sich ein Fehler durch die ungenaue Übertragung der Kalenderrechnung beim Übergang von Mondperioden zu Sonnenperioden eingeschlichen habe.

Transformiert man das Alter Methusalems in Monate, so erhält man als realistisches Ergebnis, dass er fünfzehn Jahre alt war, als sein erster Sohn geboren wurde. Errechnet man allerdings mit dieser Methode das Alter seiner Verwandten, kommt man zu dem Ergebnis, dass sie ihre Söhne und Töchter im Alter von vier oder fünf Jahren zeugten. Vielleicht kann das Rätsel der Altersangaben irgendwann gelöst werden, jedoch herrscht jetzt schon Übereinstimmung darüber, dass der biblische Methusalem unglaublich alt geworden ist. Auch wenn wir immer länger leben, ist kaum zu erwarten, dass irgendjemand trotz Knoblauchpillen oder Designerdrogen je so alt werden wird wie der sprichwörtlich gewordene Methusalem.

Nach mir die Sintflut

»Denn siehe, ich will eine Sintflut mit Wasser kommen lassen auf Erden, zu verderben alles Fleisch, darin ein lebendiger Odem ist, unter dem Himmel. Alles, was auf Erden ist, soll untergehen.«

1. Mose 6,17

Der große Regen, der die ganze Welt unter Wasser setzte, heißt in der englischen Ausgabe der Heiligen Schrift »the flood«, in der französischen Bibel liest man »le déluge«. Beide Wörter bedeuten einfach »Flut« und werden auch im Alltag für ganz normale Überschwemmungen benutzt. Das Wort »Sintflut« gibt es nur in der deutschen Bibel. Tatsächlich bedeutet auch Sintflut lediglich »große Überschwemmung«, und mit Sünde hat das Wort selbst nichts zu tun. Dennoch wurde im Mittelhochdeutschen Sintflut zu »Sündflut« umgedeutet und erst im zwanzigsten Jahrhundert wieder durch die ältere Form ersetzt. Allerdings hat das Wort viel mit der sündigen Menschheit und ihrer Bestrafung zu tun.

Die Nachkommen von Adam und Eva hatten sich nicht an die strengen göttlichen Gebote gehalten, und in seinem heiligen Zorn beschloss Gott, alles Schlechte wegzuwaschen. Nur Noah und seine Familie sowie eine genau festgelegte Anzahl von Tieren sollten gerettet werden, und zwar in einem schwimmenden Kasten, der berühmten Arche Noah. Kaum war die Arche fertig, begann es in Strömen zu regnen. Vom ersten Tropfen bis zum Erscheinen des Regenbogens, der das Ende der Katastrophe ankündigte, schüttete es ununterbrochen dreihundert Tage lang. Sobald es wieder trocken war, begann neues Leben zu sprießen, doch ohne Sünde blieben die Menschen auch nach der Sintflut nicht.

Auch nicht im Frankreich des achtzehnten Jahrhunderts. Dort herrschte Ludwig XV. Er war zwar nicht sündiger als andere am Hof zu Versailles, aber weil er sich für das politische Geschäft zu schwach fühlte, überließ er das Regieren seiner Mätresse, der berühmten Madame de Pompadour. Als die Marquise am 5. November 1757 von der vernichtenden Niederlage gegen die Preußen in der Schlacht bei Rossbach erfuhr, verweigerte sie jegliche Friedensverhandlungen. Eine Anerkennung der militärischen Niederlage und damit die Bankrotterklärung ihrer Diplomatie war für Madame inakzeptabel. Einen derartigen Triumph wollte sie weder den Preußen noch dem von ihr gehassten König Friedrich II. gönnen. Kapitulation kam also nicht in Frage, Tod und Leid der Soldaten interessierten die Marquise de Pompadour ohnehin nicht. Sie schien dennoch fromm gewesen zu sein, zumindest war sie bibelfest, denn das bezeugt das Zitat, mit dem sie die militärische Katastrophe voller Resignation kommentierte: Es war ihr berühmt gewordener Ausspruch: »Après nous le déluge!«, auf Deutsch: »Nach uns die Sintflut!«

Das Bild des biblischen Hochwassers blieb haften, und noch heute beklagt man zum Beispiel die zunehmende egoistische Einstellung gegenüber nachfolgenden Generationen mit der Redewendung »nach uns die Sintflut«.

Auch das Adjektiv »vorsintflutlich« wurde ursprünglich als Bezeichnung in der Entstehungsgeschichte der Welt verwendet, heute wird es umgangssprachlich für »uralt« oder »unmodern« gebraucht.

Babylonische Sprachverwirrung

> »Wohlauf, lasst uns herniederfahren und ihre Sprache daselbst verwirren, dass keiner des andern Sprache verstehe!«
>
> *1. Mose 11,7*

Nach Adams und Evas Sündenfall, Abels Totschlag durch Kain und der Sintflut gab es neuen Ärger zwischen Gott und seinen Geschöpfen. Das Volk Israels hatte sich in der Ebene von Euphrat und Tigris niedergelassen. Dort sollte ein bleibendes Denkmal in Form eines hohen Tempelturms geschaffen werden, dessen Spitze bis in den Himmel reichen sollte. Detailliert wird in der Bibel die Baukonstruktion mit Ziegeln beschrieben. Gott war nicht amüsiert über die Bautätigkeit auf der Erde, auch wenn das Bauwerk selbst in seinen Augen so winzig klein aussah, dass er vom Himmel herabsteigen musste, um sich die Baustelle aus der Nähe anzusehen. Der himmelstürmende Turmbau sollte aber nicht nur irgendein gewaltiges Bauwerk werden, die Menschen wollten damit vielmehr beweisen, dass sie ebenfalls gottgleiche Allmacht erreichen könnten. Dieses Vorhaben machte Gott kurzerhand zunichte, indem er einfach jedem seine eigene Sprache gab, so dass keiner mehr den anderen verstand. Der Bau blieb aufgrund der nun auftretenden Sprachprobleme unvollendet.

Tatsächlich konnte die Existenz eines großen Turms, eines mächtigen quadratischen Kubus mit einer Seitenlänge von rund neunzig Metern, in Babylon archäologisch nachgewiesen werden. Kein anderes biblisches Motiv hat die Phantasie der Menschen so angeregt wie der Turmbau zu Babel. Auch der Name der Stadt bezieht sich auf die in der Bibel geschilderten Vorgänge. Es handelt sich um ein Wortspiel mit dem akkadischen Wort »babili« für »Tor der Gottheit« und dem hebräischen Wort »balal« für »Wirrsal«.

Ein typisches Bild für die heutige babylonische Sprachverwirrung ist die Kakophonie in Politik und Medien, bei der keiner mehr den anderen zu verstehen scheint und die wir mit Recht als babylonische Verhältnisse beklagen.

Es geht zu wie in Sodom und Gomorra

> »Und der Herr sprach: Es ist ein Geschrei zu Sodom und Gomorra, das ist groß, und ihre Sünden sind sehr schwer.«
>
> *1. Mose 18,20*

Die beiden Städte Sodom und Gomorra lagen wahrscheinlich in der Nähe des Toten Meeres. Ihre Bewohner galten als lasterhaft und sündig, was im Himmel für zornigen Unmut sorgte. Zunächst sollte die Situation von zwei himmlischen Sonderbeauftragten vor Ort geprüft werden. Was die Engel sahen, waren Sexorgien, Brutalität und Sklavenhaltung, Fremdenfeindlichkeit und Gotteslästerung. Allesamt unverzeihliche Sünden, dennoch bat Stammvater Abraham, von einer Kollektivbestrafung abzusehen. Als Begründung führte er an, dass es sicher ein paar fromme Menschen gibt, die Gnade verdient hätten. Doch in Sodom und Gomorra gab es nicht einmal zehn Gerechte. Es gab überhaupt nur einen, und zwar Lot, den frommen Neffen Abrahams: Er durfte die Stadt verlassen, bevor die beiden Städte unter einem Regen aus Schwefel und Feuer begraben wurden und alles dem Erdboden gleichgemacht wurde.

Der Untergang der beiden Städte entwickelte sich zum Inbegriff einer biblischen Katastrophe, doch aus den Fehlern von damals haben wir bis heute nicht wirklich gelernt. Die Einstellung »Geiz ist geil« und erotische Verführungen sind allgegenwärtig, Lügner und Betrüger sind clever, Hybris stellt keine Sünde dar, sondern firmiert als

Selbstbewusstsein und Durchsetzungsvermögen bei der Karriereplanung. Man muss kein Tugendwächter sein und auch nicht den Untergang des Abendlands befürchten, wenn man den Verfall des ethischen Fundaments mit den Worten beklagt, es gehe zu wie in Sodom und Gomorra.

Zur Salzsäule erstarren

»Und sein Weib sah hinter sich und ward zur Salzsäule.«
1. Mose 19,26

In Situationen, in denen der Schreck so groß ist, dass man sich für einen Moment wie gelähmt fühlt, spricht man davon, man sei zur Salzsäule erstarrt. Die Redewendung geht zurück auf die Geschichte der Bestrafung von Lots Frau im Alten Testament. Abraham hatte Gott gebeten, seinen Neffen Lot und dessen Familie zu retten, bevor er die Städte Sodom und Gomorra wegen ihrer sprichwörtlichen Lasterhaftigkeit in Schwefel und Feuer untergehen ließe. Da Lot und seine Familie als gottesfürchtig galten, durften sie als Einzige die Stadt verlassen. Dem rechtschaffenen und frommen Lot fiel es schwer, seinen ganzen Besitz aufzugeben, doch die Aussicht, in einer kleinen Stadt im Gebirge eine sichere Zuflucht zu finden, erleichterte den Abschied ein wenig. Diese ungewisse Zukunft war für die Schwiegersöhne Lots allerdings indiskutabel, sie fanden die Flucht absolut lächerlich, forderten das Schicksal heraus und blieben lieber in Sodom oder Gomorra zurück.

Vor dem Verlassen der Stadt bekam der Rest der kleinen Gruppe noch den strikten Befehl, dass sich keiner während der Flucht umdrehen oder stehenbleiben durfte. Es ist nicht bekannt, welche Gefühle Lots Frau beim Abschied aus der Heimat bewegten, vielleicht wollte sie im Zorn über ihre Situation noch einmal einen Blick zurück auf die verdammten Städte werfen, oder sie war einfach nur neugierig, was hinter ihrem Rücken passieren würde. Tatsache ist, dass sie sich umdrehte. Wahrscheinlich wäre jeder, der das flammende Inferno gesehen hätte, vor Schreck erstarrt, doch Frau Lot traf es schlimmer, sie erstarrte zur Salzsäule.

Noch heute findet man in der Gegend des Toten Meeres Steinsalzsäulen, die zwar durch Erosion entstanden sind, aber irgendwie auch an das Schicksal von Lots Frau erinnern. In der Alltagssprache ist Frau Lot ebenfalls gegenwärtig, denn wenn das Grauen nach uns greift, wenn der Schreck uns in die Glieder fährt, ist keine Aussage treffender, als die Redewendung, wir seien zur Salzsäule erstarrt.

Für ein Linsengericht

»Und Jakob kochte ein Gericht. Da kam Esau vom Felde und war müde und sprach zu Jakob: Lass mich kosten das rote Gericht; denn ich bin müde. Daher heißt er Edom *(Edom bedeutet rot)*. Aber Jakob sprach: Verkaufe mir heute deine Erstgeburt.«

1. Mose 25,29–31

Das »Erstmalige« ist immer etwas Besonderes, das können außergewöhnliche Ereignisse wie der erste Mensch im All oder der erste Mensch auf dem Mond sein oder auch das zuerst geborene Kind. Absolute Begeisterung galt früher speziell dem erstgeborenen Sohn. Die Primogenitur, das Erstgeborenenrecht, spielte in Monarchien besonders bei der Erbfolge eine große Rolle. Wenn der älteste Sohn alles erbte, war der ungeteilte Bestand des Landes gesichert. Die übrigen Geschwister gingen leer aus. In den alten Kulturen war es vor allem die männliche Erstgeburt von Mensch und Tier, die als die reinste Nachfolge der eigenen Art galt und deswegen besondere Vorrechte genoss. Der erstgeborene Sohn wurde nicht nur vom Vater bevorzugt, sondern er war auch nach dem Vater das ranghöchste Mitglied in einer Familie.

Handelte es sich bei den ersten Nachkommen um Zwillinge, entschieden oft nur wenige Minuten über den Anspruch auf die lukrativen Privilegien, so wie bei den Zwillingen Esau und Jakob, von deren Rivalität das Alte Testament berichtet. Esau, der Ältere, war tatkräftig und zupackend, er liebte das Leben in der freien Natur und war ein passionierter Jäger. Er war von der Mutter zuerst geboren worden, weshalb ihm das Erbrecht des Ältesten zustand. Sein Zwillingsbruder Jakob war ein Muttersöhnchen und langweiliger Stubenhocker.

Eines Tages kam Esau müde und völlig ausgehungert von der Jagd nach Hause. Da stieg ihm der Duft des Linsengerichts, das sein Bruder gekocht hatte, in die Nase. Esau bat Jakob, ihm davon zu essen zu geben. Der holte den Topf, doch bevor er die Mahlzeit auf den Tisch stellte, verlangte er als Gegenleistung von seinem Bruder dessen Vorrechte als ältester Sohn. Der Hunger und der Duft des Linsentopfs waren stärker als die Vernunft, und Esau trat sein Erstgeburtsrecht für einen Teller Linsen ab.

Ein schlechtes Geschäft für ihn, doch dank Esau haben wir eine Redewendung, um gar nicht so seltene Situationen zu beschreiben, in denen man für einen vergänglichen Vorteil ein fundamentales Recht aufgibt. Wie oft verkauft man seine Unabhängigkeit für ein Linsengericht, zum Beispiel für eine Subvention?

Jemandes eigen Fleisch und Blut

> »Kommt, lasst uns ihn den Ismaeliten verkaufen, dass sich unsre Hände nicht an ihm vergreifen; denn er ist unser Bruder, unser Fleisch und Blut. Und sie gehorchten ihm.«
>
> *1. Mose 37,27*

Johann Wolfgang von Goethe fand die Geschichte um Joseph und seine Brüder im Alten Testament sehr interessant, jedoch zu kurz. Der gleichen Meinung war wohl auch Thomas Mann, denn er schildert ausführlich die Lebensstationen von Jakob und seinem Sohn Joseph in seiner umfangreichen Roman-Tetralogie *Joseph und seine Brüder*. Im zweiten Teil von Manns Roman wird die Geschichte von der Sonderstellung des jungen Joseph erzählt. Joseph war eitel und hochmütig, er hielt sich für etwas Besseres, und seine Sonderstellung gegenüber seinen Brüdern fand er durchaus gerechtfertigt. Die Brüder aber machte dies zornig und sie reagierten mit roher Gewalt: Sie verprügelten Joseph, zerrissen seine schönen Kleider und warfen ihn zunächst in einen trockenen Brunnen, später wollten sie ihn töten. Doch dann verzichtete man auf den Mord am Bruder, dem eigenen Fleisch und Blut, und verkaufte Joseph an eine vorbeiziehende Karawane.

Gänzlich ungetrübt war Familienglück also schon in biblischen Zeiten nicht, doch am Ende ging die Geschichte gut aus, denn der verkaufte Joseph, sein Vater und alle Brüder fanden sich nach einigen Jahren glücklich vereint in Ägypten wieder. Das Pathos, mit dem wir heute die Formulierung »mein eigen Fleisch und Blut« verwenden, drückt eine emotionale, tief verwurzelte Qualität familiärer Bindungen aus und betrifft ein freudiges oder auch leidvolles Erstaunen in Bezug auf unsere eigenen Kinder.

Die fetten Jahre sind vorbei

»Und die sieben mageren und hässlichen Kühe fraßen auf
die sieben ersten, fetten Kühe.«

1. Mose 41,20

Seit Sigmund Freud gilt die Interpretation von Träumen
als Schlüssel, um die im Unterbewussten sich vollzie-
henden Phänomene zu verstehen. Auch für seinen Schüler C. G. Jung galt die Entschlüsselung der Traumsym-
bole und Traumhandlungen als ein zentrales Instrument,
Unbewusstes bewusst zu machen. In der klassischen Psy-
choanalyse ist Traumdeutung stets mit Kindheit verbunden sowie mit unbewussten Wünschen und damit ein-
hergehenden Schuldgefühlen. Jung sah in vielen Traum-
symbolen Archetypen, also menschheitsgeschichtlich re-
levante Ursymbole wie Tod, Mutter, Geburt, die wichtige und ewige Dauerthemen des menschlichen Daseins
darstellen.

Schon im Alten Testament wird von einer bedeutungs-
vollen Traumdeutung berichtet. Es handelt sich um einen
seltsamen Traum des ägyptischen Pharao: Er träumte,
dass aus dem Nil zuerst sieben schöne, fette Kühe stie-
gen und am Ufer weideten. Kurz darauf entstiegen dem
Nil wiederum sieben Kühe, doch diese waren hässlich
und ausgemergelt. Was er dann sah, konnte der Pharao
kaum glauben, denn die klapperdürren Kühe fraßen die
schönen, dicken mit Haut und Haaren auf.

Die Deutung der Königsträume war nach damaliger

Überzeugung entscheidend, um das Schicksal eines Volkes vorherzusehen. Weil keiner der angesehenen Wahrsager den Traum des Pharao erklären konnte, wurde Joseph gerufen, ein Hebräer, der von seinen Brüdern an die Ägypter verkauft worden war. Joseph erwies sich als kompetenter Traumdeuter, denn er prophezeite, dass sieben dicke Kühe erst sieben Jahre Wohlstand bedeuten, sieben dürre Kühe aber danach sieben Hungerjahre bringen würden. Sein Rat lautete, das Land auf die mageren Jahre vorzubereiten und Vorräte anzuschaffen, ehe die fetten Jahre vorbei seien.

Natürlich hätte jeder gerne einen Traumdeuter, der ihn rechtzeitig mahnt, für die Zukunft Vorsorge zu treffen. Doch wenn es heute heißt, die fetten Jahre sind vorbei, dann heißt das einfach, ab jetzt gibt's deutlich weniger, man muss den Gürtel enger schnallen.

Das Land, wo Milch und Honig fließen

»Und ich bin herniedergefahren, dass ich sie errette von der Ägypter Hand und sie ausführe aus diesem Lande in ein gutes und weites Land, in ein Land, darin Milch und Honig fließt, an den Ort der Kanaaniter, Hethiter, Amoriter, Phere-siter, Heviter und Jebusiter.«

2. Mose 3,8

Zu allen Zeiten, in allen Kulturen träumen Menschen von paradiesischen Zuständen auf Erden. Je nachdem, woran gerade Mangel besteht, gibt es für diesen Wunsch-traum unterschiedliche Interpretationen. Generell aber wünscht man sich, dass etwas, was man entbehrt, endlich im Überfluss vorhanden sein sollte. Zu Zeiten der Dürre bittet man um Regen, zu wirtschaftlich schlechten Zeiten um genügend Arbeit, bei Armut um Reichtum, bei Lan-geweile um Ablenkung und Unterhaltung. Grundsätz-lich aber geht es um Freude, Glück und Zufriedenheit. Zwar sehen auch diese Wünsche für jeden anders aus, doch hat insbesondere in Zeiten des Hungers das Essen – am besten Delikatessen aus nie versiegenden Füllhör-nern – einen hohen Stellenwert.

Die Verheißung auf ein Leben im Überfluss muss für ein Nomadenvolk, das sich immer wieder Notzeiten aus-gesetzt sieht, ganz besonders verlockend gewesen sein. Die Aussicht der Israeliten, in ein Land zu kommen, in dem Milch und Honig fließen, muss unwiderstehlich ge-wesen sein, obwohl bekannt war, dass dort die mächtigen Völker der Kanaaniter, Hethiter, Amoriter, Pheresiter, Heviter und Jebusiter sesshaft waren. Die Aussicht auf das versprochene Schlaraffenland verdrängte leicht alle Bedenken, die eine Wanderung durch die Wüste sicher mit sich bringen würde; auch an die zu erwartenden Auseinandersetzungen dachte man nicht. Milch und Honig bedeuteten damals eine Landschaft mit Wäldern und Wiesen für Ziegen und Bienen. Milch war nahrhaft, während des ganzen Jahres verfügbar, und Honig verdarb als Lebensmittel nicht.

Die Israeliten schafften die beschwerliche Wanderung und konnten schließlich Milch und Honig genießen. Bis heute gelten Milch und Honig als Symbol des Überflusses, und auch bis heute machen sich viele Menschen auf die Suche nach einem Ort, von dem sie hoffen, dort ein leichteres Leben führen zu können. Im neunzehnten Jahrhundert erschien vielen Europäern Amerika als ein solch gelobtes Land. Und heute sehen zum Beispiel viele Afrikaner Europa als einen Kontinent, wo Milch und Honig fließen.

Es geschehen noch Zeichen und Wunder

»Aber ich will Pharaos Herz verhärten, dass ich meiner Zeichen und Wunder viel tue in Ägyptenland.«

2. Mose 7,3

Vierhundertdreißig Jahre waren vergangen, seit Joseph an die Ägypter verkauft worden war. Später zog seine Sippe nach, man heiratete, bekam Kinder, blieb aber unter sich. Irgendwann empfanden die Ägypter die einst willkommenen Gäste als störende Migranten. Die Israeliten mussten Zwangsarbeit leisten, heißt es in der Bibel, und auch ägyptische Quellen berichten über Konflikte. Das Volk Israel litt unter der Gewalt seiner Unterdrücker, man jammerte und klagte, bis schließlich Mose beauftragt wurde, den Auszug aus Ägypten zu organisieren.

Es war klar, dass der Pharao auf die billigen Arbeitskräfte nicht ohne weiteres verzichten wollte. Daher mussten schon besonders drastische Schritte gewählt werden, um die geplante Emigration in das den Israeliten verheißene Land zu erzwingen. Zeichen und Wunder sollten die Ägypter Schritt für Schritt davon überzeugen, Mose und sein Volk ziehen zu lassen. Die angekündigten Zeichen und Wunder erwiesen sich als zehn Plagen. Jedes Mal schien der Pharao unter dem Einfluss einer Katastrophe nachzugeben, aber sobald diese vorüber war, kehrte man zur alten Ordnung zurück. Erst nach dem zehnten Zeichen, nachdem alle Erstgeborenen der ägyptischen Kinder von einem Todesengel erwürgt wurden, ließ der Pharao die Hebräer gehen. Doch auch jetzt wollte der Pharao seine Niederlage nicht eingestehen und verfolgte die Flüchtenden mit seinen Streitkräften. Aber die Verfolgungsjagd endete im Schilfmeer, wo er mit Mann und Maus versank.

Zeichen und Wunder als Anzeichen drohenden Unheils beschrieb noch Friedrich Schiller in seinem Drama *Wallensteins Lager*. Heute allerdings verwenden wir die Redewendung »Es geschehen noch Zeichen und Wunder«, wenn etwas ganz Unerwartetes geschieht, etwas, was man nicht zu hoffen wagte, zum Beispiel eine Benzinpreissenkung.

Heuschrecken

»Da sprach der Herr zu Mose: Recke deine Hand über Ägyptenland, dass Heuschrecken auf Ägyptenland kommen und fressen alles Kraut im Lande auf samt allem dem, was der Hagel übriggelassen hat.«

2. Mose 10,12

Nach vierhundertdreißig Jahren geleisteter Sklavenarbeit bei den Ägyptern hat sich das jüdische Volk entschlossen, auszuwandern. Doch der Pharao wollte nicht auf diese billigen Arbeitskräfte verzichten. Der Konflikt eskalierte, aber die Juden hatten einen übermächtigen Fürsprecher, und zehnmal ereilte die Ägypter Gottes Strafgericht.

Für einige der zehn Plagen, die das Land am Nil heimsuchten, gibt es zweifellos plausible naturwissenschaftliche Erklärungen: Nilwasser wird anscheinend wie Blut und ungenießbar, wenn die Burgunderblutalge sich zersetzt. Insektenschwärme könnten wie jene der Hundsfliegen sein, die in Nase, Mund und Ohren eindringen, Frösche wurden oft zur Zeit der Nilschwemme zu einer Landplage. Viehpest mag eine damals unbekannte Blatternart, die Nilkrätze, gewesen sein, die Mensch und Tier mit Geschwüren überzieht. Heuschrecken und Sandstürme sind auch heute noch in den Wüsten Ägyptens gefürchtet. Unter dem Einfluss jeder Plage schienen die Ägypter nachzugeben, aber sobald diese vorüber war, kehrte die alte Sturheit des Pharao zurück. Erst als die

Zukunft des Landes durch die zehnte Plage, nämlich die Ermordung der Erstgeborenen, auf dem Spiel stand, ließ der Pharao die Stämme Israels ziehen. Ob der biblische Bericht über die Umstände dieses Auszugs aus Ägypten tatsächlich die historischen Gegebenheiten widerspiegelt, ist umstritten.

Eine der alttestamentarischen Plagen hatte sich offenbar dem anscheinend bibelfesten ehemaligen Bundesminister Franz Müntefering ins Gedächtnis eingeprägt. Und zwar war es die Heuschreckenplage, bei der die Insekten mit gutem Appetit fraßen und fraßen, bis der totale Kahlschlag erreicht war. Im Jahr 2004 erinnerte sich der SPD-Chef Müntefering an diese Plage, und mit dieser Metapher brandmarkte er anonyme Investoren mit mutmaßlich kurzfristigen oder überzogenen Renditeerwartungen. Tatsächlich verstehen wir seitdem unter Heuschrecken nicht nur gefräßige Insekten, sondern eben auch geldgeile, nimmersatte, raffgierige Kapitalisten.

Auge um Auge, Zahn um Zahn

>»Kommt ihr aber ein Schade daraus, so soll er lassen Seele um Seele, Auge um Auge, Zahn um Zahn, Hand um Hand, Fuß um Fuß, Brand um Brand, Wunde um Wunde, Beule um Beule.«
>
> *2. Mose 21,23–25*

Das Denken in Kategorien von Gut und Böse, Recht und Unrecht, Richtig und Falsch ist so alt wie die Menschheit. Genauso lange wurden diejenigen bestraft, die das gesellschaftliche Zusammenleben störten. Gerechtigkeit war allerdings von den Launen der jeweils Mächtigen oder von der Gunst der Götter abhängig. Es gab kein Rechtssystem mit festen Regeln, das für alle galt, allen bekannt war und in dem Verstöße in einem nachvollziehbaren Verfahren verhandelt wurden. Recht wurde von einem allmächtigen Machthaber gesprochen, der sich allein auf seine Menschenkenntnis verließ. Allmählich erst entwickelten Stämme und später Völker und Kulturen eigenständige und immer ausführlichere Rechtssysteme.

Eine der ältesten erhaltenen Gesetzessammlungen ist der Codex Hammurabi aus dem achtzehnten Jahrhundert vor Christus, eine Sammlung von Geboten und Erlassen des babylonischen Königs Hammurabi. Grundlage dieses Strafrechts ist das Prinzip der Vergeltung. Die Strafen, die hier erwähnt werden, scheinen aus heutiger Sicht drakonisch: Selbst für kleinere Delikte, wie Diebstahl, galt die Todesstrafe, aber nicht, weil man besonders grausam sein wollte. Vielmehr kannte die nomadische Tradition keine Gefängnisstrafen, schließlich konnte ein umherziehendes Volk niemanden einsperren. Also forderte Hammurabi: »Wenn jemand das Auge eines anderen zerstört, soll man ihm sein Auge zerstören ...«

Ob es im babylonischen Recht um eine direkte Vergeltung von Straftaten ging oder ob es möglich war, einen entsprechenden Schadenersatz zu entrichten, wissen wir allerdings nicht. Wahrscheinlich kannte Mose diese babylonischen Gesetze, denn im Alten Testament werden dem Volk Israel im sogenannten »Bundesbuch« eine lange Liste ähnlicher Vorschriften zur Schadensregulierung übergeben. Am Anfang stehen die sogenannten apodiktischen Sätze, allgemeine Gebote oder Verbote im Befehlsstil, aber ohne Strafangabe. Das für die Gemeinschaft generell und nicht für einen bestimmten Sachverhalt geltende Recht wird autoritativ – »du sollst« oder aber »du darfst nicht« – formuliert. Sein Ursprung begründet sich wahrscheinlich in den Weisheitstraditionen der Sippenverbände. Diesen knappen Anweisungen folgen kasuistische Rechtssätze, also Regeln, die für einen genau umschriebenen konkreten Fall gelten, unpersönlich formuliert sind und eine präzise Strafandrohung beinhalten. Ein Beispiel hierfür ist 2. Mose 22,15–16: »Wenn jemand eine Jungfrau beredet, die noch nicht verlobt ist, und bei ihr schläft, der soll ihr geben ihre Morgengabe und sie zum Weibe haben. Weigert sich aber ihr Vater, sie ihm zu geben, soll er Geld darwägen, wie viel einer Jungfrau zur Morgengabe gebührt.« Es geht also um mögliche Streitfälle, die das alltägliche Zusammenleben betreffen, wie den Umgang mit Sklaven oder Körperverletzung, darüber hinaus werden auch religiöse Verfehlungen behandelt. Gemäß 3. Mose 17,4 gilt beispielsweise für jeden, der ein Tier schlachtet und es dann nicht opfert: »Solcher Mensch soll ausgerottet werden aus seinem Volk.« Hier wird zwar beschrieben, welche Strafe auf einen Verstoß gegen ein bestimmtes Tabu steht, wie sie allerdings konkret umgesetzt werden soll, ist nicht vorgegeben. Es handelt sich eher um eine kultische Exkommunikationsformel. Generell wurde gefordert, dass für ein Leben nicht mehr verlangt werden durfte als ein Leben, also auch nicht mehr als ein Auge für ein Auge oder ein Zahn für einen Zahn. Das war für die damaligen Verhältnisse ein revolutionärer juristischer Grundsatz.

Durch die Vorschrift, eine gewisse Verhältnismäßigkeit von Schaden und Strafe einzuhalten, wollte man versuchen, die altorientalische Praxis der Blutrache abzulösen. Die Forderung der Bibel, Auge um Auge, Zahn um Zahn, bedeutete nichts anderes als die Abkehr von willkürlicher Rache. Entgegen dieser ursprünglichen Absicht, Rache abzuwenden und Gewalt zu begrenzen, benutzen wir dieses Bibelzitat in unserer Umgangssprache als Legitimierung für eine drakonische Rachementalität. In dieser Bedeutung erscheint die Redewendung heute in Medienberichten über kriegerische Einsätze, und der Grundsatz Auge um Auge gilt sogar als Rechtfertigung für jede Art von Selbstjustiz, wie im Fall Marianne Bachmeier, die den Mörder ihrer Tochter erschoss, oder Witali Kalojew, der seine Familie bei einem Flugzeugabsturz verloren hatte und aus Rache einen Fluglotsen tötete.

Tanz ums Goldene Kalb

»Sie sind schnell von dem Wege getreten, den ich ihnen geboten habe. Sie haben sich ein gegossenes Kalb gemacht und haben's angebetet und ihm geopfert und gesagt: Das sind deine Götter, Israel, die dich aus Ägyptenland geführt haben.«

2. Mose 32,8

Nach der sechswöchigen Wüstenwanderung, die das Volk Israel seit der Flucht aus Ägypten voller Entbehrungen, Hunger und Durst durchlitten hatte, sehnten sich manche zurück nach den »Fleischtöpfen Ägyptens«, denn dort hatte es wenigstens genug zu essen gegeben. In dieser hoffnungslosen Situation war auch noch der charismatische Mose verschwunden, angeblich um mit seinem Gott zu reden. Für das Volk war dieser Gott bisher abstrakt und unsichtbar geblieben, trotz der sichtbaren drastisch-phantastischen Wunder, mit denen er letztlich den Pharao überzeugt hatte, die Israeliten ziehen zu lassen. Unzufriedenheit, Sorge und Angst machten sich breit, und keiner hatte Lust, auf die Nachricht eines Gottes zu warten, den man weder sehen noch hören konnte.

Was das flüchtende Volk wollte, war eine sichtbare Gottesfigur, etwas Konkretes, so wie der Gott Apis der Ägypter, der als Stier mit der Sonnenscheibe zwischen den Hörnern dargestellt wurde. Also beschloss man, den gesamten goldenen Schmuck einzuschmelzen, damit Aaron, der Stellvertreter von Mose, daraus ein »Goldenes

Kalb« schmieden konnte. Tatsächlich fanden die mutlosen Flüchtlinge durch dieses reale Kraft- und Energiesymbol ihre alte Zuversicht zurück. Als aber Gott das Treiben seines Volkes sah, beschloss er zornentbrannt, seine Geschöpfe nun endgültig zu vernichten. Nur der Fürsprache und dem Verhandlungsgeschick von Mose war es zu verdanken, dass die finale Katastrophe ausblieb. Als Mose aber bei seiner Rückkehr das Kalb und das johlende Volk sah, zerschmetterte er, außer sich vor Wut, die Gesetzestafeln und vernichtete das Goldene Kalb. Die Israeliten sollten endlich begreifen, dass ihr Gott unvergleichlich und einzigartig war und nicht wie andere Gottheiten als ein Stier dargestellt werden durfte, um den man herumtanzen konnte.

Ursprünglich ging es also um die Einzigartigkeit Gottes und nicht um das hemmungslose Streben und die Verehrung von Reichtum und Macht, als dessen Metapher der Tanz um das Goldene Kalb heute in vielen Varianten gern benutzt wird. Doch der Gedanke, dass Müßiggang und Luxus zum Götzendienst führen, diente Künstlern als Grundannahme für Bilder einer verderbten und zugleich faszinierenden Welt. Bereits Ende des fünfzehnten Jahrhunderts wurde der Tanz ums Goldene Kalb in Sebastian Brants »Narrenschiff« verurteilt, und auch in Arnold Schönbergs fragmentarischer Meisteroper »Moses und Aaron« geht es um die Reinheit des Gedankens gegenüber dem Verderben durch das Sichtbare und Fassbare. Eine Versinnbildlichung ist auch der »Bulle«, der vor dem Gebäude der Frankfurter Börse steht. Mit seinem nach oben gerichteten Kopf symbolisiert er die steigenden Kurse an der Börse. Der Börsenbulle ist ein ideeller Nachkomme des Goldenen Kalbes, und seine Verherrlichung, so wie das Vertrauen in Spekulationsgewinne, ist für manchen, genauso wie damals für das Volk Israel, zum Verhängnis geworden.

Etwas ist nicht ganz koscher

»Und der Herr redete mit Mose und Aaron und sprach zu ihnen: Redet mit den Kindern Israel und sprecht: Das sind die Tiere, die ihr essen sollt unter allen Tieren auf Erden.«

3. Mose 11,1–2

Vom Aufstehen bis zum Schlafengehen ist der jüdische Tag durch religiöse Regeln strukturiert. Für jede auch noch so kleine Alltagshandlung werden den Israeliten präzise Vorschriften mitgeteilt. Besondere Gesetze, die Kaschrut-Regeln, gelten für alles, was man isst oder zu sich nimmt. Ein wesentlicher Bestandteil ist die Festlegung derjenigen Tiere, die gegessen werden dürfen und welche nicht. Darüber hinaus ist auch genau geregelt, wie Tisch und Geschirr sauber zu halten sind. Um sicherzugehen, dass keine der Regeln verletzt wird, wurden die entsprechenden Gebote über Tausende von Jahren kontinuierlich interpretiert und debattiert. So folgte im Laufe der Jahrhunderte dem biblischen Verbot, »das Zicklein in der Milch seiner Mutter zu kochen«, zunächst die generelle Anweisung, Milch und Fleisch nicht zu mischen. Heute wird für beide Speisearten getrenntes Geschirr benutzt, und sogar der Abwasch wird in verschiedenen Spülen erledigt.

Die Kaschrut-Regeln teilen das Essen in das Erlaubte, das ist das Koschere, und das Unkoschere, also das Unreine. Das Wort »koscher« kommt aus dem Jiddischen, der Sprache der osteuropäischen Juden, und heißt so viel wie »unbedenklich, einwandfrei«. Das schematische Festhalten an den Vorschriften wurde im Christentum aufgehoben, denn jetzt galt nicht mehr, was in den Menschen hineinkommt, könne ihn unrein machen, sondern das, was aus ihm herauskommt. Heute wird mit dem Wort »koscher« in der Umgangssprache nicht die Reinheit von Speisen beurteilt. Wenn uns etwas nicht ganz koscher vorkommt, wollen wir damit ausdrücken, dass wir einer Sache misstrauen.

Zum Sündenbock machen

> »Da soll Aaron seine beiden Hände auf sein Haupt legen
> und bekennen auf ihn alle Missetat der Kinder Israel und
> alle ihre Übertretung in allen ihren Sünden, und soll sie
> dem Bock auf das Haupt legen und ihn durch einen Mann,
> der bereit ist, in die Wüste laufen lassen.«
>
> *3. Mose 16,21*

In der japanischen Provinz Owari soll Ende des siebzehnten Jahrhunderts angeblich ein seltsames Opfer-
ritual stattgefunden haben: Am elften Januar eines jeden
Jahres zogen ausgewählte Priester mit Fahnen und großem Gefolge übers Land und überfielen den ersten Rei-
senden, der ihnen über den Weg lief. Nach einer genau
festgelegten religiösen Zeremonie wurde der Gefangene
gereinigt und in weiße Kleider gehüllt. Schließlich wurde er zum Altar gebracht, auf dem das Manaita, das war
ein Hackbrett, und ein Schlachtmesser, ein Hocho, lagen.
Eine ganze Nacht lang musste sich der Gefangene neben die Mordinstrumente legen. Am nächsten Morgen
band man ihm als sichtbares Zeichen für die Sünden ein
Mochi, das ist ein Opferkuchen aus Lehm, zusammen
mit einer Schnur Kupfermünzen auf den Rücken und
trieb ihn aus dem Tempel. Er wurde so lange gejagt, bis
er vor Erschöpfung zusammensank. An der Stelle, wo er
zu Boden fiel, wurde der Lehmkuchen, also die Sünden,
begraben. Was mit dem menschlichen Opfer geschah, ist
nicht überliefert.

In der Vergangenheit hielt es jede Gesellschaft für ihr selbstverständliches Recht, Fremde hinauszuwerfen und auszugrenzen. Archaische Opferrituale kennt auch das antike Griechenland. Meist waren es Kriminelle, die man, stellvertretend für alle Schuldigen, mit einer aus Feigen bestehenden Halskette behängte und dann unter Spott und Hohn durch die Straßen trieb. Vor den Toren der Stadt wurden die Opfer gesteinigt und verbrannt. In Tibet waren es Bettler, die, mit einem Fell bedeckt, unter Trompetenschall und Trommelwirbel aus dem Lamatempel gejagt wurden. Steine und Knüppelhiebe prasselten auf die Opfer nieder, bis sie leblos zusammenbrachen.

Die unterschiedlichen Rituale dienten der kollektiven Vergebung der Sünden, die man einem Stellvertreter aufbürdete, der für alle büßen musste. Im Alten Testament wird im Buch Leviticus der sogenannte Versöhnungstag, auf Hebräisch »Jom Kippur«, beschrieben. Entsprechend den Vorschriften musste auch der alttestamentarische Gott mit einem realen Opfer besänftigt werden. Zu diesem Zweck wurden dem Hohenpriester zwei Ziegenböcke als Sühneopfer für die Sünden des Volkes übergeben. Der eine wurde ganz normal geopfert, der andere zum Sündenbock gemacht, indem ihm alle Schuld des Volkes aufgeladen wurde, und den man dann in die Wüste jagte.

Der Ziegenbock hatte selbstverständlich nichts mit den Sünden der Menschen zu tun, genauso wenig wie der Sündenbock in unserer zivilisierten Gesellschaft. Wenn irgendetwas schiefgeht, sucht man sich einen Schuldigen aus, der die Verantwortung für das Vergehen anderer übernehmen muss, auch wenn er daran schuldlos ist.

Ein Moloch

> »Du sollst auch nicht eines deiner Kinder dahingeben, dass
> es dem Moloch verbrannt werde, dass du nicht entheiligst
> den Namen deines Gottes; denn ich bin der Herr.«
>
> *3. Mose 18,21*

Menschenopfer hat es sehr wahrscheinlich in vielen alten Kulturen gegeben. Aus der griechischen Mythologie kennen wir die Geschichte des Minotaurus, einer stierköpfigen Menschengestalt, dem alle neun Jahre sieben Jungfrauen geopfert werden mussten. In der nordeuropäischen Sagenwelt waren es meistens feuerspeiende Drachen, die ihren jungfräulichen Tribut forderten. Tatsächlich sind rituelle Tötungen seit prähistorischen Zeiten dokumentiert. Die Gründe für das abscheuliche Spektakel waren unterschiedlich. Man glaubte, die verehrte Gottheit brauche ab und zu etwas Leckeres zu essen oder der göttliche Zorn könnte durch ein menschliches Opfer besänftigt und weiteres Unheil abgewehrt werden. Mit einem Menschenopfer dankte man für die erwiesene göttliche Gnade.

Auch für den biblischen Abraham war der Gedanke eines Menschenopfers gar nicht so abwegig wie für uns heute, wie die Geschichte der Beinahe-Opferung seines Sohnes Isaak zeigt. Aber im Unterschied zu den altorientalischen Religionen waren Menschenopfer den Juden schon in sehr früher Zeit verboten und wurden ersetzt durch das Pars-pro-Toto-Opfer, die Beschneidung. Im

Gegensatz dazu waren bei vielen Nachbarvölkern der Israeliten sogar Kinderopfer Bestandteil ihrer Religion: Die Ammoniter taten es, die Moabiter, die Phönizier, die Kanaaniter und auch die Ägypter. Um sich von diesem Götzendienst abzugrenzen, wurde es dem Volk Israel im Alten Testament ganz ausdrücklich verboten, einem göttlichen Monstrum Kinder zu opfern. Dieses Verbot bezog sich wahrscheinlich auf ein spezielles phönizisches Ritual, bei dem es um Brandopfer von Neugeborenen ging. Angeblich war diese Praxis in Karthago bis in die Zeit Hannibals üblich. Antiken römischen Quellen zufolge handelte es sich bei der kinderfressenden Gottheit um den Moloch, eine riesige rotglühende Bronzestatue mit Stierkopf, in deren Innerem Flammen loderten. Während des schaurigen Opferrituals wurden die Kinder gefesselt, in dunkle Tücher gewickelt dem Moloch auf die Hände gelegt und dann von einer komplizierten Hebelmechanik zu einer Art Maul geführt und vom Ungeheuer verschlungen. Das Schreien der Kinder wurde untermalt von lautem Gesang, Flöten und Trommeln.

Der Name dieser Gottheit, der man einst als Zeichen der Verehrung freiwillig Menschen opferte, ist heute zum Inbegriff eines widerwilligen Tributs geworden. Die für uns unvorstellbar makabre Opferung von Kindern steht in direktem Zusammenhang mit der bis heute bestehenden unersättlichen Gefräßigkeit dieses Götzen. Auch in unserer Zeit scheint es den Moloch noch zu geben. In der Romanerzählung *Der Moloch* des russischen Autors Aleksandr Kuprin aus dem Jahr 1896 wird das elende Leben der Arbeiter in der frühkapitalistischen Phase der Industrialisierung geschildert. In der menschenunwürdigen Fabrik geht es nur um den Profit des Unternehmers. Jeden Monat verschlingt der Betrieb auf unerklärliche Weise fünfzehn Arbeiter, was nur den sensiblen Ingenieur Bobrov beunruhigt. Ein Sabotageakt misslingt, und der anschließende Arbeiteraufstand kann die Situation auch nicht ändern. Das System selbst ist zerstörerisch. Mit den ihm immanenten furchterregenden Eigenschaften sorgt es für Angst und Schrecken und verschlingt alles mit der Unersättlichkeit jener archaischen Gottheit Moloch, nach der auch die Fabrik bezeichnenderweise benannt wurde.

Ganz allgemein haben wir heute die Bezeichnung Moloch für unmenschliche technische Anlagen sowie auch für menschenverachtende Staatssysteme übernommen. Unter Moloch verstehen wir heute aber auch die wuchernden Megastädte, die auf die Menschen eine ungeheuere Anziehungskraft ausüben, obwohl sie durch Luftverschmutzung, Mietwucher oder Verkehrschaos das Leben zur Hölle machen.

Alle Jubeljahre

> »Und ihr sollt das fünfzigste Jahr heiligen und sollt ein Frei-
> jahr ausrufen im Lande allen, die darin wohnen; denn es ist
> euer Halljahr. Da soll ein jeglicher bei euch wieder zu sei-
> ner Habe und zu seinem Geschlecht kommen.«
>
> *3. Mose 25,10*

Erschallte im alten Israel zu Jahresbeginn Hörnerklang,
wusste jeder, das wird ein gutes Jahr! Denn die Hörner,
die auf Hebräisch Jöbel heißen, verkündeten allgemeinen Schuldenerlass. Jeder, der durch irgendwelche Umstände sein Hab und Gut verloren hatte oder in Sklaverei
geraten war, sollte nun seinen Besitz und seine Freiheit
wieder zurückbekommen. Allerdings gab es den gesellschaftlichen Neuanfang nur alle fünfzig Jahre.

Diese Geschichte aus dem Alten Testament hatte Papst
Bonifatius VIII. offenbar sehr gefallen. Er verwandelte den biblischen Schuldenerlass in einen einträglichen
Sündenerlass und bescherte seinen Christen am 22. Februar 1300 das erste Heilige Jahr. Aus dem hebräischen
Jöbel wurde das lateinische Jubilum. Von nun an konnten säumige Katholiken nach abgelegter Beichte, Sühne
und einem Besuch der Pilgerkirchen in Rom ihren Sün-
denberg loswerden. Da jauchzte die Seele. Auch wenn
der Ablass wegen der geforderten Reise nach Rom für
die armen Sünder nicht ganz billig war, die Tradition des
jubilaeus annus fand immensen Anklang. Ursprünglich
sollte sich das päpstliche Gnadenjahr alle hundert Jahre

wiederholen. Doch die gewaltigen Pilgerströme brachten der Kirche große Geldmengen, so dass die Periode auf fünfundzwanzig Jahre herabgesetzt wurde. War ein Christ dagegen in Leibeigenschaft oder finanzielle Nöte geraten, gab es keinen Grund zum Jubeln. Anders als früher bei den Juden gab es vom Papst keine Freiheit und keinen Schuldenerlass, nicht einmal alle Jubeljahre!

Jemandem die Leviten lesen

»Werdet ihr mir aber nicht gehorchen und nicht tun diese Gebote alle und werdet meine Satzungen verachten und eure Seele wird meine Rechte verwerfen, dass ihr nicht tut alle meine Gebote, und werdet meinen Bund brechen, so will ich euch auch solches tun: ich will euch heimsuchen mit Schrecken, Darre und Fieber, dass euch die Angesichter verfallen und der Leib verschmachte; ihr sollt umsonst éuren Samen säen, und eure Feinde sollen ihn essen.«
3. Mose 26,14–16

Um anno 760 stellte der Bischof Chrodegang von Metz für die heruntergekommene Geistlichkeit, die sich kaum mehr an christliche Gebote und Gelübde hielt, bestimmte Lebensregeln auf, die sie wieder auf den rechten Weg bringen sollten. Solche geistlichen Lebensregeln wurden auch Kanon genannt. Der bischöfliche Kanon verpflichtete demnach alle Geistlichen, sich nach der Morgenandacht vor dem Bischof oder dessen Stellvertretern zu versammeln. Bei diesem Treffen hatten sie zu schweigen, aber gut zuzuhören, denn es wurde ihnen ein Kapitel der Bibel über bestimmte Verfehlungen vorgelesen, das sie sich gut merken sollten. Der Bischof Chrodegang bevorzugte vor allem das Kapitel 26 im 3. Buch Mose, das Verfluchungen aller Art gegen Gesetzesübertreter aufzählt. Da dieses Buch alle Vorschriften für den Kult und die Priester aus dem Stamm der Levi enthält, wurde dieser Teil des Alten Testaments Levitikus genannt. Die im Levitikus enthaltenen drastischen Schilderungen der göttlichen Strafen für Fehlverhalten galten später natürlich auch für die Christen. In den frühmittelalterlichen Andachts- und Bußgottesdiensten war es üblich, dass Mönche und Priester ihrer Gemeinde die Folgen eines sündigen weltlichen Lebens predigten. Zu diesem Anlass wurde dem Kirchenvolk ebenfalls regelmäßig aus dem Buch Levitikus vorgelesen, weswegen es bald hieß, es werden die Leviten gelesen. Heute verstehen wir unter dem Begriff eine ganz und gar weltliche Strafpredigt, in der jemand streng getadelt und nachdrücklich auf seine Pflichten hingewiesen wird.

Ein Dorn im Auge sein

> »Werdet ihr aber die Einwohner des Landes nicht vertreiben vor eurem Angesicht, so werden euch die, so ihr überbleiben lasst, zu Dornen werden in euren Augen und zu Stacheln in euren Seiten und werden euch drängen in dem Lande darin ihr wohnet.«
>
> *4. Mose 33,55*

Als sich die Kinder Israels in dem ihnen versprochenen Gelobten Land niederlassen wollten, mussten sie feststellen, dass dort bereits Menschen lebten. Doch das Schicksal dieser Bewohner war bereits besiegelt. Gott selbst hatte dieses Land schon den biblischen Stammvätern Abraham und Isaak verheißen, das bedeutete, dass es für die ansässigen Kanaaniter und ihre fremden Götter hier keinen Platz mehr gab. Ganz brutal wird im Alten Testaments erklärt, dass diejenigen, die man nicht vertreibt, so lästig wie Dornen in den Augen werden könnten. Deshalb sollte man die ansässige Bevölkerung vertreiben und ihre Heiligtümer zerstören – ohne Ausnahme.

Spitze Dornen, von denen hier die Rede ist, tauchen in der Bibel immer dann auf, wenn Gefahr droht und sich Unheil ankündigt. Dornen symbolisieren Sünde, Falschheit und Verdorbenheit, dementsprechend wurde ganz bildhaft darauf hingewiesen, dass die Israeliten der verführerischen Versuchung des Götzen Baal der Kanaaniter nur durch die komplette Säuberung des Landes entgehen konnten. Obwohl es bisher durch archäologische

Funde nicht bestätigt werden konnte, ist für viele Theologen der kriegerische Siegeszug der Israeliten in Kanaan eine historische Tatsache. Unter der Führung Josuas nahmen die zwölf Stämme Israels in einer Art Blitzkrieg zunächst das Ostjordanland ein, überschritten bei Gilgal den Jordan und eroberten die Mitte des Westjordanlandes, sodann den Süden und schließlich den Norden Palästinas. Andere Wissenschaftler kamen aufgrund einer eingehenden Analyse der biblischen Texte zu abweichenden Ergebnissen. Weil die Kanaaniter in der Ebene militärisch überlegen waren, siedelten sich die Vorfahren der Israeliten zunächst in den gebirgigen, kaum bevölkerten Teilen des Landes an. Erst nachdem die Israeliten schon längere Zeit im Land waren und aufgerüstet hatten, gelang es ihnen, die befestigten Städte zu erobern und im Lauf der Zeit das gesamte Gebiet zu annektieren. Vielfach vollzog sich die Besitznahme des Landes friedlich, mit Ausnahme kleinerer Scharmützel, und in kleinen Etappen auch durch Vermischung mit den Ureinwohnern.

Das alles spielte sich ungefähr im dreizehnten und zwölften Jahrhundert vor Christus ab, aber die alttestamentarischen Dornen gibt es auch heute noch, nicht nur in Israel. Denn heute steht diese Redensart »ein Dorn im Auge sein« ganz allgemein für alles, was uns stört, wie beispielsweise ein hässlicher Neubau, der die schöne Aussicht verdeckt.

Denkzettel

»Und diese Worte, die ich dir heute gebiete, sollst du zu Herzen nehmen und sollst sie deinen Kindern einschärfen und davon reden, wenn du in deinem Hause sitzest oder auf dem Wege gehst, wenn du dich niederlegst oder aufstehst, und sollst sie binden zum Zeichen auf deine Hand, und sollen dir ein Denkmal vor deinen Augen sein.«

5. Mose 6,6–8

Bei seiner ersten Bibelübersetzung hat Martin Luther die Anweisung für ein Gebetsritual der Juden mit dem Wort »Denckzedel« übersetzt, einem aus dem damaligen Rechtswesen bekannten Begriff für eine schriftliche Vorladung vor Gericht. Dieser unangenehme Beiklang war vielleicht der erste Schritt, der eine ursprünglich positiv verstandene Erinnerungshilfe in etwas Negatives verwandelte. Es handelt sich um die Vorschrift, dass sich Juden beim Beten Merkzeichen an der Stirn und am Arm befestigen sollen. Praktisch umgesetzt wurde diese Aufforderung, indem man bestimmte biblische Anordnungen auf kleine Pergamentstreifen schrieb und sie in eine Kapsel steckte. Bis heute befestigen fromme Juden beim Gebetsritual diese Zettelkapseln zur Erinnerung an Gottes Gebote auf der Stirn und am linken Arm. Später hofften oder fürchteten fromme Leute, dass auch der liebe Gott alle Sünden der Menschen auf Merkzettelchen notierte. Die Zettelwirtschaft hat also ziemlich göttliche Wurzeln. Auch an Jesuitenschulen wurde früher eine Zettel-Tradition gepflegt. Ermahnungen, Belehrungen und schlechte Eigenschaften wurden notiert, und die Schüler mussten dieses Papier immer bei sich tragen. Zwar musste dieser Merkzettel nicht wie bei den Juden an Arm oder Stirn befestigt werden, dafür wurde das Verfahren meistens von Ohrfeigen und Schlägen begleitet.

Kein Wunder, dass sich im Laufe der Zeit das Verständnis dieser Aktion umdrehte. Man teilt lieber aus, als einzustecken. Heute bestehen diese Erinnerungshilfen nur selten aus Papier. Denn nichts stillt den Durst nach Rache und Vergeltung mehr, als jemandem einen ganz und gar unheiligen Denkzettel zu verpassen.

Im Dunkeln tappen

»Und wirst tappen am Mittag, wie ein Blinder tappt im Dunkeln; und wirst auf deinem Wege kein Glück haben; und wirst Gewalt und Unrecht leiden müssen dein Leben lang, und niemand wird dir helfen.«

5. Mose 28,29

Man kann sie nicht sehen, nicht hören, nicht fühlen oder sonst irgendwie beobachten, dennoch muss man ihre Existenz anerkennen. Im Jahr 1933 bemerkte der Schweizer Astronom Fritz Zwicky, dass es sehr viel mehr Materie im Universum gibt, als man bis dahin annahm. Er schloss dies aus den Bewegungen von Galaxien im Coma-Galaxienhaufen. Sie waren viel zu schnell, als dass die sichtbare Materie sie mit ihrer Schwerkraft hätte zusammenhalten können. Der Astronom schloss aus seinen Beobachtungen, dass Galaxienhaufen neben den Galaxien noch aus weiterer, sogenannter dunkler Materie bestehen. Heute weiß man, dass etwa 90 Prozent der Gesamtmasse im Universum nicht nur dunkel sind, das heißt, sie senden kein Licht aus, sondern dass sie außerdem aus einer mysteriösen, noch unbekannten Teilchenart bestehen müssen. Auf dem Weg, das Geheimnis der dunklen Materie im Universum zu lüften, tappt die heutige Kosmologie wortwörtlich im Dunkeln. Für einige Wissenschaftler ist dieses Dunkel die interessanteste Forschungsaufgabe.

Weniger interessant dürfte es sein, wenn die Kripo im Dunkeln tappt. Denn dann gehen wir davon aus, dass es für offene Fragen noch keine Antwort gibt. Diese Redewendung ist eine der vielen Wortkreationen Martin Luthers. Für den Fall, dass das Volk Israel die Gebote Gottes nicht befolgte, sollten alle mit Blindheit geschlagen und von Wahnsinn ergriffen werden und als kranke Psychopathen im Dunkeln tappen.

Schandfleck

»Die verkehrte und böse Art fällt von ihm ab; sie sind Schandflecken und nicht seine Kinder.«

5. Mose 32,5

Im Alten Testament findet man den Hinweis, dass das Volk Gottes in einem kindlichen Verhältnis zu seinem Herrn steht. Zwar kommt der Begriff »Kind Gottes« nur äußerst selten vor, aber er rückt im Gegensatz zu der eher politischen Bezeichnung »Volk Gottes« die familiäre Beziehung in den Vordergrund. Dabei ist davon auszugehen, dass es sich bei den Kindern Gottes allein um männliche Nachkommen handelt. Mädchen spielten in der alttestamentarischen jüdischen Gesellschaft keine große Rolle, deswegen kennen wir kaum die Umstände ihres Heranwachsens. Im Gegensatz dazu wird die familiäre Rolle der männlichen Nachkommen genauer dokumentiert. Ab dem dritten Lebensjahr lag die Hauptverantwortung für die Erziehung der Knaben beim Vater. Der Sohn musste alle Fähigkeiten, alle Rechte und Pflichten, Traditionen und Werte der Sippe lernen. Insgesamt viermal findet man im Alten Testament den Satz:, »Wenn dich dein Sohn fragen wird ...« (2. Mose 13,14; 5. Mose 6,20; Josua 4,6,21). Selbstverständlich mussten diese Fragen beantwortet werden, denn auf diese Art war gewährleistet, dass die Sitten und Gebräuche in Israel, die göttlichen Heilstaten der Vergangenheit, die Gebote von Generation zu Generation weitergegeben wurden. Ein unangepasster, rebellischer Sohn, der den Generationenauftrag nicht ordnungsgemäß übernehmen wollte, galt als Makel und war ein Schandfleck für die ganze Familie.

Dementsprechend galt auch für die sündigen Gotteskinder, die sich fremden Götzen zugewandt hatten, dass sie zum Makel der göttlichen Familie wurden, und Luther übersetzte diesen Tatbestand mit »Sie sind Schandflecken und nicht seine Kinder«. Früher wurde man zum Schandfleck vorwiegend durch nicht sichtbare menschliche Makel, einen moralischen oder gesellschaftlichen Fehltritt.

Neben diesen Bedeutungen kennen wir inzwischen auch den deutlich sichtbaren Schandfleck, das können beispielsweise Verstöße gegen den sogenannten Schönheitssinn, wie moderne Architektur in historischer Umgebung, sein.

Wie seinen Augapfel hüten

> »Er fand ihn in der Wüste, in der dürren Einöde, da es heult.
> Er umfing ihn und hatte Acht auf ihn; er behütete ihn wie
> seinen Augapfel.«
>
> *5. Mose 32,10*

Dem Auge wird in mythologischen Überlieferungen seit je eine besondere Macht beigemessen. So wird von einem Kampf zwischen den ägyptischen Gottheiten Seth und Horus berichtet, in dem Horus ein Auge ausgestochen wurde. Zum Glück konnte es von seiner Mutter Isis wieder eingesetzt werden, und Horus konnte wieder mit beiden Augen sehen. Das Auge des Horus entwickelte sich zum Symbol für Heilung, es galt als Schutz vor Gefahr und wurde als Amulett zur Abwehr gegen den »bösen Blick« getragen. Man glaubte, dass sich bei gewissen Menschen in den Augen ein schädlicher Zauber aufladen könne, der dann beim Blickkontakt mit anderen entladen würde. Die Angst vor dem »bösen Blick« reicht bis in die Neuzeit und war eine bekannte und verbreitete Form des Aberglaubens.

Lange Zeit waren das Auge und seine Wirkungsweise, das Sehen und der Blick sogar für die Gelehrten etwas Geheimnisvolles und stellten sie vor ein unlösbares Rätsel. Das einfache Volk konnte sich die Physiologie der Augen überhaupt nicht erklären. Auffallend war allein die kugelförmige Gestalt der Augen, weswegen das Sehorgan im Althochdeutschen des zwölften Jahrhunderts

»ougaphul« und später »Augapfel« genannt wurde. Vielleicht spielte bei der Verbindung zwischen dem Auge und dem Apfel nicht nur die Kugelform eine Rolle, sondern auch die altgermanische Vorstellung, wonach der Apfel als Sinnbild für Leben, also Sehen, und Tod angesehen wurde. Jedenfalls eignet sich die Kugelform der Augen aufgrund ihrer Beweglichkeit vorzüglich für das optische Abtasten der Umgebung und die dreidimensionale Erfassung der Welt. Und weil dieses Sinnesorgan so wichtig und delikat ist, hat unser Körper zahlreiche wirksame Schutzmechanismen vorgesehen. Bereits in der Heiligen Schrift wird auf die Empfindlichkeit unserer Augen hingewiesen. Im 5. Buch Mose, dem Deuteronomium, wird noch einmal der Bericht wiederholt, wie Mose die Zehn Gebote empfing. Hier werden Anweisungen für das tägliche Leben gegeben und Strafen bei deren Nichtbeachtung festgelegt. Es wird daran erinnert, dass Gott das Volk Israel unter allen Völkern der Welt auserwählt hatte und es sozusagen wie seinen Augapfel hüten und schützen wollte. In der Umgangssprache verwenden wir diese Redewendung, wenn wir etwas besonders schützen, pflegen und bewahren wollen. Wenn wir also auf etwas aufpassen wie auf unseren eigenen Augapfel, einen der kostbarsten und verletzlichsten Teile von uns.

Über den Jordan gehen

»Da nun das Volk auszog aus seinen Hütten, dass sie über den Jordan gingen, und die Priester die Lade des Bundes vor dem Volk hertrugen.«

Josua 3,14

Der Jordan entspringt im Hermongebirge, verläuft entlang der israelisch-jordanischen Grenze und fließt später in Südrichtung zum Toten Meer. Hier, an diesem Fluss, fand die vierzigjährige Wüstenwanderung des israelitischen Volkes unter der Führung von Mose ihr vorläufiges Ende. Auf der gegenüberliegenden Seite des Flusses lag Kanaan. Man musste nur noch den Jordan überqueren, um endlich in die neue Heimat zu gelangen – das versprochene und ersehnte Gelobte Land. Noch einmal ließ Gott ein Wunder geschehen: Er staute das Wasser auf, und alle kamen trockenen Fußes ans andere Ufer. Die Israeliten waren endlich am Ziel ihrer Träume, und so kam ihnen der Einzug in Kanaan wie der Einzug ins Paradies vor.

Auch fromme Christen deuteten später diese Überquerung symbolisch als Reise ins Himmelreich. Allerdings kommt der Christ, bei entsprechender Lebensführung, nur durch den Tod in den Himmel. Und wenn heute jemand »über den Jordan geht«, dann bedeutet das keinen Aufbruch in den Nahen Osten, um dort den tiefstgelegenen Fluss der Erde zu überqueren. Die Überquerung des Jordan gilt heute als Sinnbild für das Sterben, auch wenn ursprünglich das genaue Gegenteil, nämlich der Beginn eines glücklichen, weltlichen Lebens, gemeint war.

Der Philister

»Da brachten der Philister Fürsten zu ihr [Delilah] hinauf sieben Seile von frischem Bast, die noch nicht verdorrt waren; und sie band ihn [Samson] damit.«

Richter 16,8

Die Philister gehörten wahrscheinlich zu den sogenannten Seevölkern, die um zwölfhundert vor Christus den gesamten östlichen Mittelmeerraum in Unruhe versetzten. Mehrheitlich wird angenommen, dass sie von Kreta gekommen waren. Einer anderen Theorie zufolge handelt es sich bei diesem Volk um die sagenhaften Ureinwohner Griechenlands, die Pelasger. Manche behaupten sogar, bei den Philistern handle es sich um Nordgermanen, die aus der Nordsee bis in die Ägäis vorgedrungen waren. Im Grunde sind alle Annahmen reine Spekulation, denn ihre Herkunft konnte bisher nicht abschließend geklärt werden.

Historisch unbestritten ist lediglich die Tatsache, dass die Philister ein kriegerisches Volk waren, das etwa gleichzeitig mit den Israeliten in die Küstenebene Kanaans einwanderte. Die Auseinandersetzungen zwischen den israelitischen Stämmen und den zunächst militärisch überlegenen Philistern fand etwa zu jener Zeit statt, in der die Griechen Troja belagerten. Endgültig besiegt wurden sie erst von König David, und zwar im Zweikampf mit dem berühmten Philister, dem Riesen Goliath. Doch die Begegnungen zwischen den Israeliten und den Philistern fanden nicht nur auf dem Schlachtfeld statt: Das zeigt die schicksalsschwere Liebesgeschichte des mit übermenschlicher Körperkraft ausgestatteten hebräischen Richters Samson und der Philisterin Delilah. Als Delilah hörte, dass das Geheimnis der Kraft ihres Geliebten in seinem langen Haupthaar lag, griff sie kurzerhand zur Schere. Mit Kurzhaarfrisur war Samsons Unbesiegbarkeit dahin, und er wurde ein Opfer der Philister. Jedenfalls hassten und fürchteten die Israeliten dieses kriegerische Volk, gegen das sie wegen deren Waffen aus hartem Eisen mit den eigenen, viel weicheren Bronzeschwertern militärisch chancenlos waren.

Weil sie so übermächtig schienen, galten die Philister den Israeliten als Strafe Gottes. Es war also besonders perfide, dass der römische Kaiser nach dem endgültigen Sieg über jüdische Aufständische im Jahr 135 nach Christus ihr Stammland Judäa in »Philistäa« umbenannte, woraus später der Name Palästina wurde. Auch in der christlichen Welt kamen die Philister ausgesprochen schlecht weg. Nach Meinung des Kirchenvaters Origenes war den Philistern der Weg zur geistigen Erkenntnis verschlossen, so jedenfalls interpretierte er die biblische Erzählung vom Brunnen des Isaak, den die Philister zugeschüttet hatten.

Doch in die Sprache der Neuzeit kam der Philister nicht über die Bibel. Im siebzehnten Jahrhundert häuften sich Auseinandersetzungen zwischen Studenten und Vermietern von Studentenbuden, weil die Hausherren sehr genau darauf achteten, dass die Hausordnung eingehalten wurde und die Zimmer nicht allzu »sturmfrei« waren. Bei einer handgreiflich gewordenen Streiterei wurde 1687 in Jena ein Student getötet. Als Leichenpredigt wählte der Geistliche die Geschichte des jüdischen Helden Samson, den die feindlichen Philister erst besiegen konnten, nachdem sie ihm seine langen Haare abgeschnitten hatten. Von da an bezeichneten die Studenten alle Feinde, die Stadtsoldaten und Bürger, als Philister. Das Wort machte später in Dichterkreisen Karriere, Goethe setzte ihm mit dem Famulus Wagner im *Faust* ein ironisches Denkmal, Ludwig Börne schimpfte auf die Philisterei, und Friedrich Nietzsche fasste in der ersten seiner *Unzeitgemäßen Betrachtungen* mit dem Begriff »Bildungsphilister« alle Eigenschaften und Tendenzen zusammen, die in seinen Augen das Geistesleben der Gegenwart dominierten und ruinierten. Ein allerorten negativ besetzter Begriff also. Bis heute gilt der Name dieses Volkes in der deutschen Sprache als Synonym für einen Spießer, also einen engstirnigen, ehrpusseligen, kleinkarierten Menschen.

David gegen Goliath

> »Da trat aus den Lagern der Philister ein Riese mit Namen Goliath von Gath, sechs Ellen und eine Handbreit hoch.«
>
> *1. Samuel 17,4*

> »David aber war jenes ephrathischen *(aus dem Stammesverband der Efratiter)* Mannes Sohn von Bethlehem-Juda, der hieß Isai; der hatte acht Söhne und war ein alter Mann zu Sauls Zeiten und war betagt unter den Männern.«
>
> *1. Samuel 17,12*

Ende des zwölften Jahrhunderts vor Christus wurde Ägypten mehrfach vom Volk der Philister angegriffen. Schließlich gelang es dem Pharao Ramses III. im Jahr 1193 vor Christus, den Hauptansturm abzuwehren, er sah es jedoch nicht ungern, dass sich die Philister östlich von Ägypten im Raum Gaza ansiedelten. Sie gründeten dort fünf Städte, die eine wehrhafte Pufferzone bildeten und so das Nilland vor Übergriffen schützten. Durch ihre Expansion nach Norden gerieten die Philister bald mit den etwa zur gleichen Zeit nach Palästina eingewanderten Stämmen Israels aneinander. Militärisch waren die kriegerischen Philister dem jüdischen Nomadenvolk natürlich überlegen, wobei es durchaus üblich war, Kriege nicht nur durch Schlachten, sondern auch durch Zweikämpfe zu entscheiden.

Ein solche entscheidender Kampf zwischen den fortschrittlichen Philistern und dem israelitischen Hirtenvolk wird im Alten Testament beschrieben. Der stärkste Krieger der Philister war Goliath. In der Bibel wird berichtet, er sei sechs Ellen und eine Spanne groß gewesen, das entspricht einer kaum vorstellbaren Körpergröße von fast drei Metern. Möglicherweise wirkte er auch nur so riesig, weil die Philister metallisch glänzende Schuppenpanzer anhatten und als Kopfbedeckung eine Strahlenkrone trugen. Dieser Goliath trat hervor, verhöhnte die ängstliche israelitische Streitmacht, und siegessicher forderte er einen jüdischen Kämpfer zu einem Einzelkampf heraus. Gegen den mächtigen Goliath wollte aber keiner kämpfen, bis sich der junge Schafhirte David meldete und der Herausforderung stellen wollte. David war zu klein und zu schwach, um eine Rüstung anzulegen und ein Schwert zu tragen. Seine einzige Waffe bestand aus einer Steinschleuder und fünf Steinen. Für Goliath war der kleine Hirtenjunge natürlich kein ernsthafter Gegner, doch plötzlich rannte David auf seinen Gegner zu, und als er nah genug war, schleuderte er mit ganzer Kraft einen Stein mitten auf die Stirn Goliaths. Der große Mann fiel wie vom Blitz getroffen um, David hob das Schwert Goliaths auf und schlug ihm den Kopf ab. Der Zweikampf war entschieden, und somit war auch der ganze Krieg gewonnen.

Wenn wir heute die biblischen Zweikämpfer David und Goliath zitieren, finden keine kriegerischen Auseinandersetzungen statt. Stattdessen beziehen wir uns auf die auffallende körperliche Ungleichheit der beiden. Wenn wir von David gegen Goliath reden, dann handelt es sich immer um die Auseinandersetzung zwischen zwei ungleichen Gegnern, und am Ende freuen wir uns meistens, wenn der Kleine dem Großen eins auswischt oder der Schwache den Starken besiegt.

Vom Scheitel bis zur Sohle

»Es war aber in ganz Israel kein Mann so schön wie Absalom, und er hatte dieses Lob vor allen; von seiner Fußsohle an bis auf seinen Scheitel war nicht ein Fehl an ihm.«

2. Samuel 14,25

Von David, nach König Saul der zweite König von Israel und Juda, ist überliefert, dass er reichlich mit allen Gaben ausgestattet war, die einen Helden auszeichnen. Er war mutig, schön, musikalisch, ein Liebling des Volkes und ein Liebhaber schöner Frauen. Vierhundert Kinder soll er gezeugt haben! Selbst wenn eine Null zu viel im Spiel sein sollte, auch vierzig Kinder zu zeugen ist eine beachtliche Lebensaufgabe. Über einen seiner Söhne, Absalom, berichtet die Bibel, dass in ganz Israel kein Mann so gut aussah wie er. Besonders hervorgehoben wird seine herrliche Haarpracht, die angeblich so schwer war, dass er sie mindestens einmal im Jahr kurz abschneiden ließ. Seine abgeschnittenen Locken wogen nach dem damaligen System zweihundert Lot, was einem Gewicht von etwa fünf Pfund entspricht. Doch diese Haarpracht wurde ihm am Ende zum Verhängnis. Der schöne Absalom hatte einen Aufstand gegen seinen Vater angezettelt und musste dann auf einem Maultier fliehen, als seine Aktion gescheitert war. Unglücklicherweise rannte das Tier unter einer großen Eiche hindurch, wobei sich Absaloms wallende Haarpracht an den tief hängenden Zweigen verfing und das Maultier ohne seinen Reiter weiterlief. Seine Verfolger brauchten nun nichts weiter zu tun, als den hilflos baumelnden Mann abzustechen. Schönes Haar kann manchmal also auch verhängnisvoll sein.

Damit sein Name nicht in Vergessenheit geriete, hatte Absalom angeblich bereits zu Lebzeiten vorgesorgt und sich ein Denkmal bauen lassen. Lange Zeit galt eine vollständig aus dem Felsen gehauene Säule in Jerusalem als das Grabmal des Absalom. Zur Strafe dafür, dass er sich gegen den König David erhoben hatte, wurde das Grab jahrhundertelang von den vorbeigehenden Juden mit Steinen beworfen. Inzwischen weiß man, dass die Grabstätte nicht aus der Zeit Absaloms stammt, sondern aus dem ersten Jahrhundert vor Christus. Unvergessen ist der Sohn König Davids dennoch geblieben, denn mit der Redewendung »vom Scheitel bis zur Sohle« beziehen wir uns noch heute auf Absalom. Wir bezeichnen damit ganz allgemein positive oder negative Qualitäten, die sowohl die Oberfläche als auch den Inhalt betreffen, also durch und durch vorhanden sind.

Krethi und Plethi

»Joab aber war *(Befehlshaber)* über das ganze Heer Israels. Benaja, der Sohn Jojadas, war *(Befehlshaber)* über die Krether und Plether.«

2. Samuel 20,23

Nicht erst in Martin Luthers Bibelübersetzung, sondern bereits in der ältesten Übertragung der hebräischen Texte ins Altgriechische und später in der lateinischen Vulgata finden sich einige Formulierungen, die den Gläubigen ziemlich unverständlich vorkamen. Doch nicht nur für das einfache Volk waren die betreffenden Wendungen nicht recht nachvollziehbar, auch Wissenschaftler und Gelehrte fanden keine wirklich schlüssige Erklärung. So ist zum Beispiel im Alten Testament von einer Elitetruppe um König David die Rede, den Keretern und Peletern, bei denen es sich um Mitglieder von zwei verschiedenen Volksstämmen zu handeln scheint, nämlich um Kreter und Philister. Doch als sich die Wissenschaftler eine hebräische Urversion des Alten Testaments ansahen, stellten sie fest, dass sich die Namen der verschiedenen Gruppen nicht auf die Herkunft der Männer vom Stamm der Nord- oder Südphilister bezogen, sondern dass ihre Namen auf ihre Funktion in König Davids Leibwache hinweisen sollten. Damals diente diese Elitetruppe auch zur Durchsetzung der Macht, und es gab selbstverständlich auch Scharfrichter und Eilboten. Ihre Aufgabe war es, die Macht des Königs zu festigen, deswegen waren beide Berufsgruppen nicht sonderlich beliebt. Übersetzt bedeutete die hebräische Bezeichnung »Krethi« so viel wie »ausrotten, töten«, und »Plethi« entspricht in etwa »fliehen, unterwegs sein«. Die Namen beschrieben also Aktivitäten der Henker und Boten. Die beiden hebräischen Wörter scheinen schon die griechischen Übersetzer nicht verstanden zu haben, da sie jene etwas abgewandelt in Form von Cherethi und Pheleti einfach beibehielten. Ebenso machte es Hieronymus in der lateinischen Version und schrieb einfach Cerethaei und Phelethaei, dementsprechend wird die Leibwache des Königs David bis heute im Alten Testament mit den Begriffen »Kereter« und »Peleter« bezeichnet. Auch die ähnlich klingenden hebräischen Wörter »Krethi« und »Plethi« haben ihren Platz in unserer Sprache gefunden. Sie vereinen beides, das negative Image der Berufsgruppe der Henker und Boten sowie mit Skepsis betrachtete fremde Volksgruppen. In unserer Sprache verstehen wir unter Krethi und Plethi eine abwertende Bezeichnung für eine bunt zusammengewürfelte Menschenmenge mit einem verächtlichen Beigeschmack für allerlei Volk oder Gesindel.

Ein salomonisches Urteil

>»Und das Urteil, das der König gefällt hatte, erscholl vor
dem ganzen Israel, und sie fürchteten sich vor dem König;
denn sie sahen, dass die Weisheit Gottes in ihm war, Gericht zu halten.«

1. Könige 3,28

In der indischen Erzählsammlung *Kandjur* wird vom
Streit zweier Frauen erzählt, deren beider Mann kurz
zuvor verstorben war. Der Anspruch der Witwen auf
die Stellung als zumindest mittelbare Erbin und Herrin
des Hauses basiert allein auf der Mutterschaft hinsichtlich des einzigen Sohnes, von dem beide behaupteten, die
leibliche Mutter zu sein. Bei der Mutterprobe soll nach
Art des Tauziehens im Wettstreit gegeneinander das Kind
aus einem Kreidekreis herausgezogen werden. Es wurde
vorausgesetzt, dass die angeborene Liebe zu ihrem Kind
der leiblichen Mutter genug Kraft verleihen würde, den
Sieg davonzutragen. Natürlich verzichtete die echte Mutter auf ein solches Kräftemessen, das ihrem kleinen Kind
voraussehbaren Schaden zugefügt hätte. Die andere Frau
hingegen fand nichts dabei, dem Säugling Gewalt anzu-
tun. Von einem ähnlichen Kampf ums Kind wird auch im
Alten Testament berichtet. Dort heißt es, dass einst zwei
streitende Dirnen, die beide an einem Säugling zerrten,
vor König Salomo traten und von ihm eine Entscheidung
ihres Streits erbaten. Beide hatten vor kurzem ein Kind
zur Welt gebracht, doch eines von beiden war offenbar

nach wenigen Tagen gestorben. Die erste Frau klagte, die andere habe ihr im Schlaf deren totes Kind ins Bett gelegt, den gesunden eigenen Sohn aber mitgenommen. Die andere Frau stritt dies ab: Ihr Kind sei vielmehr am Leben geblieben, das der Klägerin sei gestorben. Der königliche Richter traf eine auf den ersten Blick grausame Entscheidung. Er befahl, das Kind mit dem Schwert in zwei Hälften zu teilen, um so beiden Frauen den gleichen Anteil zukommen zu lassen. Eine der beiden Kontrahentinnen zeigte sich ganz angetan von diesem Vorschlag, die andere jedoch schrie entsetzt auf. Sie wollte lieber das Kind ganz ihrer Rivalin überlassen – und erwies sich so als die wahre Mutter. Die Nachricht über das kluge Urteil König Salomons verbreitete sich über die Grenzen des Landes und überdauerte die Zeiten.

Vielen orientalischen Herrschern sagte man eine ähnlich weise Rechtsprechung nach, und noch im zwanzigsten Jahrhundert behandelte Bertolt Brechts Stück *Der kaukasische Kreidekreis* die gleiche Geschichte, lediglich in einer anderen Umgebung, zu anderer Zeit und mit anderen Hauptpersonen. Die Erzählung von König Salomons weisem Urteil hat sich auch in unserem Sprachgebrauch verankert, denn für einen Richterspruch kann es kaum ein größeres Lob geben, als salomonisch genannt zu werden.

Die oberen Zehntausend

»Und führte weg das ganze Jerusalem, alle Obersten, alle Gewaltigen, zehntausend Gefangene, und alle Zimmerleute und alle Schmiede und ließ nichts übrig denn geringes Volk des Landes.«

2. Könige 24,14

Größenwahnsinnig soll er gewesen sein, ein Verrückter, von grenzenlosem Machthunger zerfressen, einer, der im Eiltempo alle möglichen Völker unterwarf, einer, der sich auf zahllosen Inschriften als idealer Herrscher preisen ließ: Nebukadnezar II. war kein Mann der leisen Töne. Auch im Alten Testament wird dieser babylonische König als ein Tyrann beschrieben, dessen Größenwahn jeden Rest von Verstand benebelte und alle Demut vor Gott hinweggefegt hatte. Aber auch das grausame Schicksal Nebukadnezars ist überliefert. Zur Strafe für seinen Hochmut wurde er aus der menschlichen Gesellschaft ausgestoßen, er musste bei den Tieren leben, seine Haare wuchsen wie Adlerfedern und seine Nägel wie Vogelkrallen. Die biblische Vision, dass sich der mächtige Herrscher gleichsam über Nacht in ein furchtbares Tier verwandelt hatte, beflügelte die Phantasie der Nachwelt.

Allerdings gehört die Geschichte über Nebukadnezar als Prototyp eines »Werwolfs« in den Bereich der Sagen. Historisch belegt dagegen ist, dass der babylonische Herrscher auf seinen zahlreichen Feldzügen auch nach Jerusalem gelangt war. Gleich zweimal, und zwar 597 und 587 vor Christus, eroberte er die heilige Stadt der Juden. Ungehorsam und Rebellion, insbesondere der offene Versuch des Königs von Judäa, sich mit Hilfe der Ägypter gegen die babylonische Vorherrschaft aufzulehnen, hatten zunächst Belagerung und Einsetzung eines neuen Königs mit Namen Zedekia von Nebukadnezars Gnaden zur Folge. Erst als auch dieser Marionettenkönig im Geheimen gegen den Herrscher von Babylon mobil machte, folgte ein drastisches Strafgericht: Wohnhäuser und der Königspalast wurden zerstört, der Tempel Salomons in Brand gesteckt und die Bevölkerung deportiert. Es ist anzunehmen, dass bei dieser Gelegenheit auch sämtliche Wertgegenstände des Landes weggeschleppt wurden, wahrscheinlich auch die heilige Bundeslade, in der angeblich die steinernen Tafeln mit den zehn Geboten aufbewahrt waren und um deren Verbleib sich bis heute die abenteuerlichsten Legenden ranken. Der Staat Judäa war nach diesen drakonischen Maßnahmen wirtschaftlich und kulturell bankrott. Vor allem, weil die Sieger nicht nur die Schätze des Landes geraubt hatten, sondern auch die gesamte jüdische Elite ins babylonische Exil musste. Angeblich waren es insgesamt zehntausend Mann der reichsten, wenn auch nicht immer der schönsten Einwohner, und es waren die berühmtesten Leute, die frommen und die wichtigen. Also die Mitglieder der besseren Kreise, die man auch heute noch als etwas Besonderes erkennt und definiert.

Der Journalist Nathaniel Parker Willis bezog sich in seinem Leitartikel des New Yorker *Evening Mirror* am

11. November 1844 mit seinem Begriff »Die oberen Zehntausend« auf die deportierte alttestamentarische israelitische Elite und stellte in diesem Zusammenhang jene Frage, die auch heute noch immer wieder auftaucht: »Was haben die, was wir nicht haben?«

Der Lückenbüßer

> »Da aber Saneballat und Tobia und die Araber und Ammo-
> niter und Asdoditer hörten, dass die Mauern zu Jerusalem
> zugemacht wurden und dass sie die Lücken hatten ange-
> fangen zu verschließen *(Ausgabe 1545: ›die Lücken ange-
> fangen hatten zu büssen‹)*, wurden sie sehr zornig.«
>
> *Nehemia 4,1*

Einer der berühmtesten Büßer war der deutsche Kaiser
Heinrich IV. Im Jahr 1077 stand er drei Tage lang bar-
fuß im Schnee. Der Papst hatte den Kaiser im Streit um
das Investiturrecht exkommuniziert, deswegen war dieser nach Rom gepilgert und hatte frierend und zähne-
klappernd um Vergebung gefleht. Die Büßerdarbietung
war überzeugend gewesen, Papst Gregor VII. war beein-
druckt und hob den Kirchenbann auf.

Allgemein versteht man unter Büßern Menschen, die
sich auf den Weg zu Gott machen, von dem sie sich durch
die Sünde entfernt hatten. Die Büßer, von denen der
Prophet Jesaja berichtet, mussten allerdings nicht für irgendwelche Sünden büßen. Zu Zeiten der Bibelübersetzung durch Martin Luther bedeutete büßen nicht nur
bestraft werden oder Schuld abtragen, sondern auch re-
parieren, wiederherstellen, ausbessern oder auffüllen. Im
biblischen Sinn bezieht sich das Wort »büßen« auf das
Schließen einer Lücke, einer Bresche, die in eine Mau-
er geschlagen wurde. Im Alten Testament wird berichtet,
dass die Juden nach ihrer Heimkehr aus babylonischer

Gefangenschaft sofort begannen, den Tempel und die Stadtmauern Jerusalems wieder aufzubauen. Diese Arbeiten werden im Buch Nehemia beschrieben. Dort heißt es in der ersten Luther-Übersetzung des hebräischen Textes, dass sie angefangen hatten, die Lücken zu büßen. Auch der Begriff des Lückenbüßers hat nichts mit Sünde und büßen zu tun, sondern wir verstehen darunter im ursprünglichen Sinn des Wortes eine Person, die sich bereit erklärt, eine entstandene Lücke zu füllen, was im Grunde positiv zu bewerten ist. Doch weil im heutigen Sprachgebrauch zum Lückenbüßer immer auch der Mangel an – besseren – Alternativen implizit unterstellt wird, will eigentlich niemand ein Lückenbüßer sein.

In Sack und Asche gehen

»Da Mardochai erfuhr alles, was geschehen war, zerriss er seine Kleider und legte einen Sack an und Asche und ging hinaus mitten in die Stadt und schrie laut und kläglich.«
Esther 4,1

Der griechische Geschichtsschreiber Herodot berichtet, dass Kandaules, der König von Lydien, der das mächtige und reiche Land in Kleinasien vor fast dreitausend Jahren regierte, von der Schönheit seiner Gemahlin vollkommen hingerissen war. Nicht nur ihr ebenmäßiges Gesicht, ihre strahlenden Augen und ihr wundervoll geschwungener Mund gefielen ihm, alle ihre körperlichen Vorzüge fand er absolut betörend. Er habe die schönste Frau der Welt, erklärte Kandaules schwärmerisch seinem Vertrauten Gyges. Als Beweis sollte Gyges die Königin vollkommen hüllenlos sehen. Entsetzt wies der junge Mann das unziemliche Angebot ab, doch trotz aller Schwüre, dass hinsichtlich der außerordentlichen Schönheit der Königin kein Zweifel bestehe, befahl ihm der König, sich zu verstecken und die Königin beim Entkleiden zu beobachten. Als diese den Voyeur wider Willen bemerkte, stellte sie Gyges vor die Wahl, entweder selbst zu sterben oder aber den unverschämten König zu töten. Da Gyges am Leben hing, erstach er lieber den König und übernahm dankbar die königliche Witwe samt Königreich Lydien.

Die Geschichte von der Zurschaustellung der nackten

Königin und der Ermordung König Kandaules' haben Platon, Friedrich Hebbel und André Gide inspiriert. Psychologen haben festgestellt, dass dieses Imponiergehabe des Lyderkönigs nicht nur seine spezielle Marotte gewesen ist, sondern dass es sich um ein psychologisches Phänomen handelt, das in mehr oder weniger versteckter Form ziemlich häufig vorkommt und als Kandaulismus bezeichnet wird. Auch im Alten Testament, im Buch Ester, wird ein Fall von Kandaulismus beschrieben. Schauplatz der Ester-Erzählung ist Susa, die Winterresidenz der persischen Könige. Zwar sind die historischen Angaben ungenau, aber der Verfasser scheint mit der Organisation und den lockeren Sitten des persischen Großreiches, das von König Artaxerxes regiert wurde, vertraut gewesen zu sein. Angeblich wurde am persischen Hof viel getrunken, und bei einem dieser Gelage wollte der König seinen Zechkumpanen seine Königin völlig nackt, nur das Haupt geschmückt von einem kostbaren Diadem, vorführen. Das weitere Schicksal der biblischen Herrscherin war allerdings gänzlich anders als das der Lyderkönigin. Denn als sie das Ansinnen ihres Mannes empört ablehnte, wurde sie prompt verstoßen. Umgehend hielt man nach einer neuen Braut Ausschau. Überall im Land wurden schöne junge Mädchen gesucht. Nach aufwendigen, zwölf Monate andauernden kosmetischen Marathonbehandlungen mit Myrrheöl, Balsam und anderen Schönheitsmittelchen wurden die Schönen dem König vorgeführt. Schon bald gab es eine klare Siegerin, wobei der persische König nicht ahnte, dass seine Auserwählte, die bildschöne Ester, Jüdin war. Und das war ziemlich fatal, denn die Ermordung aller Juden im persischen Reich war bereits beschlossene Sache. Der König hatte den Erlass hierfür schon unterzeichnet. Die Juden waren verzweifelt, und von ihrem Anführer Mordechai heißt es, dass er sich aufgrund der drohenden Vernichtung in Sack und Asche hüllte. Asche galt im gesamten Orient als Zeichen für Vergänglichkeit und die eigene Büßerstimmung. Die Asche wurde aus einer verbrannten, fleckenlosen roten Kuh, vermischt mit abgebranntem Zedernholz, Ysop und Karmesin, hergestellt. Das zu dieser Asche passende Kleidungsstück war das Büßergewand aus kratzigem Sackleinen, das den Träger bei jeder Bewegung an seinen elenden Zustand erinnern sollte.

Zum Glück fand das angedrohte Pogrom doch nicht statt, denn die schöne Königin Ester konnte durch ihre Stellung am persischen Hof und ihren Charme ihre Glaubensbrüder retten. Allerdings übten die Juden nun ihrerseits in einem Gegenschlag blindwütige Vergeltung an allen Persern. Der Jude Mordechai hatte sich also zu Recht in Sack und Asche gehüllt, auch wenn jetzt auf der persischen Seite Opfer zu beklagen waren. Sack und Asche als Zeichen für die zu erwartende Trauer ist inzwischen zum Zeichen der Reue geworden. Nicht nur am Aschermittwoch, wenn katholische Christen als Büßer in der Kirche nach alter Tradition mit einem Aschekreuz gezeichnet werden, sondern ganz allgemein gebrauchen wir die Redensart »in Sack und Asche gehen«, wenn wir für einen Fehler Abbitte leisten wollen.

Die Hiobsbotschaft

>»Des Tages aber, da seine Söhne und Töchter aßen und Wein tranken in ihres Bruders Hause, des Erstgeborenen, kam ein Bote zu Hiob und sprach: Die Rinder pflügten, und die Eselinnen gingen neben ihnen auf der Weide, da fielen die aus Saba herein und nahmen sie und schlugen die Knechte mit der Schärfe des Schwerts; und ich bin allein entronnen, dass ich dir's ansagte.«
>
> *Ijob 1,13–15*

Warum leidet nicht nur der Sünder, sondern auch der Gerechte? Diese zentrale Frage menschlicher Existenz behandelt ein ganzes Buch im Alten Testament, es ist das Buch Hiob. Keine Geschichte wurde so oft kommentiert, und schon der Name muss sich drei verschiedene Schreibweisen gefallen lassen: »Hiob« nennen ihn die Protestanten, »Job« die Katholiken, und »Ijob« heißt er jetzt in der Einheitsübersetzung.

Erzählt wird die Geschichte von Hiob, einem reichen, gläubigen Mann mit einer großen und glücklichen Familie, der nach und nach seine Güter, seine Familienangehörigen und seine Gesundheit verliert. Innerhalb kurzer Zeit wird aus dem unbeschwerten, fast maßlosen Wohlstand unfassbares Elend. Er bleibt zurück in Einsamkeit, am ganzen Körper mit Geschwüren bedeckt. Doch trotz der Schicksalsschläge zweifelt Hiob nicht an Gott. In dieser Situation erhält er Besuch von drei Freunden aus glanzvollen Zeiten. Doch ihr Trost und der Versuch,

Hiobs miserable Lage zu erklären, erschöpft sich in mit-leidsvollen, aber unverbindlichen Worten. Es ist die alt-bekannte Mutmaßung vom Fehler, der nun bestraft wor-den ist. Wer nicht gesündigt hat, wird auch nicht bestraft. Aber Hiob beharrte darauf, sein Leben lang gottesfürch-tig gewesen zu sein, stets hatte er alle Gebote eingehal-ten. Andere, die ganz offensichtlich schwere Fehler be-gangen hatten, waren nicht bestraft worden. Dennoch blieben die redseligen Freunde bei ihrer Theorie von der Verfehlung.

Vielleicht hatte er ja ahnungslos gesündigt? Anderer-seits – wie konnte ein unbewusster Fehler bestraft wer-den? Die Diskussion dauerte an, und Hiob zürnte, denn er war beileibe kein frommer Dulder, er haderte mit sei-nem Schicksal und begann an Gottes Gerechtigkeit zu zweifeln. Seine Freunde dagegen insistierten, Gott wür-de es nicht zulassen, dass der Gerechte derartig harte Prüfungen ertragen müsste.

Was keiner ahnen konnte, war, dass Hiob zum Spiel-ball einer Wette zwischen Gott und Satan geworden war. Der Teufel hatte gewettet, dass er den frommen Hiob durch Unglück Gott abspenstig machen würde. Unter der Bedingung, Hiobs Leben zu schonen, hatte Gott zu-gestimmt. Der Pakt zwischen Gott und Satan hatte Goe-the im *Faust* zu seinem »Prolog im Himmel« inspiriert. Der Widerstreit zwischen Gut und Böse, zwischen Gott und dem Teufel, ist eine ewige Frage. Wie kann es sein, wenn es einen guten allmächtigen Gott gibt, dass er es zulässt, dass Satan so viel Macht in der Welt hat? Das Schicksal Hiobs hatte gezeigt, dass Menschen vom Teufel befallen werden können, deswegen ist der Exorzismus aus der Theologie nicht mehr wegzudenken.

Ob es den Teufel wirklich gibt, bleibt umstritten, aber wie er ins Alte Testament kam, weiß man genau. Während der Babylonischen Gefangenschaft hatten die Israeliten die persische Religion kennengelernt. Sie unterschied sich von der Vielgötterei des Baal-Kults ebenso wie vom Glauben an den einen Gott. Für die Perser gab es eine gute und eine böse Gottheit. Zwischen diesen beiden musste sich der Mensch ständig entscheiden. Es war dieser Dualismus, die Lehre des Zarathustra, die das Schrifttum des Alten Testaments beeinflusst hat. Der Mensch zwischen Gott und Teufel, das ist die Konstellation, die im Buch Ijob thematisiert wird. Das Gottesbild ist hier verändert, jetzt brauchen nicht nur die Menschen Gott, sondern Gott braucht auch die Menschen, die Fragen stellen können, sich aber schließlich der unbegreiflichen Allmacht Gottes beugen müssen.

Tatsächlich meldet sich Gott bei Hiob selbst zu Wort. Doch er rechtfertigt sich nicht und nennt keine Begründung für Hiobs Unglück, sondern lehrt, dass Gottes Macht und die Größe seiner Schöpfung über den menschlichen Verstand hinausgehen. Die Pläne, die er mit den Menschen verfolgt, werden diesen stets unergründlich bleiben. Ratlos und mit dem geflügelten Wort auf den Lippen: »Das ist mir zu hoch«, resigniert Hiob. Seit Tausenden von Jahren sucht man vergeblich nach einer Erklärung für die ungleiche Verteilung der Lebenschancen, und immer waren die Antworten unzureichend. Hiobs Geschichte ging am Ende noch gut aus. Er wurde für seine Leiden entschädigt, erhielt Gesundheit und Wohlstand zurück und erreichte das sprichwörtliche biblische Alter.

Doch trotz dieses Happy Ends wird sich niemand im Vertrauen auf spätere Wiedergutmachung wünschen, eine Hiobsbotschaft zu erhalten. Schon Goethe wusste, »dass man dem Boten der Hiobspost immer etwas von der Schuld des Unglücks, das er erzählt, anzurechnen pflegt«. Diener mächtiger Herrscher konnten ein Lied davon singen, und oft hatten schlechte Nachrichten nicht nur für den Betroffenen schlimme Folgen: Den Überbringer einer schlechten Nachricht dafür zu töten war in früheren Zeiten sogar sehr beliebt. Entsprechende Berichte finden sich in der griechischen Antike, wie beispielsweise das traurige Schicksal des Sendboten des persischen Königs Darius I. Ihn ließ König Krösus köpfen, weil er die schlimme Nachricht überbracht hatte, dass der Aufstand der griechischen Städte niedergeschlagen war, und die Griechenstaaten sich nun ergeben sollten. Auch der Aztekenherrscher Montezuma ließ vor Wut über die Meldung, dass der Spanier Cortez aufmarschiert war, den Boten kurzerhand töten. Wutentbrannt reagierte selbst der biblische König David, als ihm vom Tod König Sauls in der Schlacht am Berg Gilboa berichtet wurde. Auch er ließ den Berichtenden kurzerhand von einem seiner Männer erschlagen.

Um sein Leben fürchten muss heute keiner mehr, auch wenn die schrecklichsten Katastrophenmeldungen überbracht werden. Allenfalls hat der Überbringer mit Beschimpfungen oder Verzweiflung und Trauer zu rechnen.

Normalerweise bleibt man von schlechten Nachrichten lieber verschont. Wenn negative Botschaften dennoch eintreffen, spricht man auch heute von einer Hiobsbotschaft.

Gewissensbisse haben

»Von meiner Gerechtigkeit, die ich habe, will ich nicht lassen; mein Gewissen beißt mich nicht meines ganzen Lebens halben.«

Ijob 27,6

Für die Beurteilung des eigenen Handelns gibt es eine ganz spezielle Instanz im menschlichen Bewusstsein. Dort wird entschieden, welche Handlungen ausgeführt oder unterlassen werden. Die Entscheidungen empfinden wir als richtig, da wir bewusst Voraussetzungen und denkbare Folgen überprüft haben. Die zugrundeliegenden Werte und Kriterien basieren auf den allgemeingültigen Gesellschaftsnormen sowie auf den individuellen sittlich-religiösen Werten der Entscheidungsträger. Man fühlt sich gut, wenn man seiner inneren Stimme folgen kann.

Auch das Alte Testament kennt neben dem Herzen als Ausgangspunkt guter wie böser Taten diese innere Stimme, die über richtig und falsch entscheidet. Hiob, der aus heiterem Himmel von niederschmetternden Schicksalsschlägen heimgesucht wurde, erhielt von seinen Freunden den wohlgemeinten Rat, die Schuld für sein Unglück bei sich selbst zu suchen. Doch dagegen verwehrte er sich vehement. Die innere Stimme, das Gewissen, sagte Hiob, dass er sich nichts hatte zuschulden kommen lassen. Es war Martin Luther, der diese innere Prüfung Hiobs mit den Worten »mein Gewissen beißt mich nicht« beschrieb. Hiob hatte also ein reines Gewissen.

Die heutige Bedeutung von Gewissen geht im Wesentlichen auf diese Lutherübersetzung zurück. Ursprünglich drückte das Wort »Gewissen« ganz allgemein Bewusstsein oder so viel wie feste Überzeugung aus. Die engere Wortbedeutung ist vom griechischen Begriff »syneidêsis« und dessen lateinischer Übertragung »conscientia« abgeleitet. »Conscientia« konnte nicht angemessen mit Bewusstsein oder mit Gewissen übersetzt werden, sondern verlangte eine neutrale Übersetzung wie »Mitwissen«. Darunter verstand man konkret das Mitwissen einer höheren Instanz über das eigene Handeln oder auch den Versuch, über den moralischen Wert eigener Handlungen objektiv zu urteilen. Die Gewissensbisse, die uns heute plagen, sind vielfältig. Da besteht zum Beispiel die persönliche Sorge, selbst keinen ausreichenden Beitrag zum Klimaschutz zu leisten oder in seinem Denken, Verhalten oder Handeln etwas falsch gemacht zu haben.

Bis hierher und nicht weiter

> »Wer hat das Meer mit Türen verschlossen, da es herausbrach wie aus Mutterleib, da ich's mit Wolken kleidete und in Dunkel einwickelte wie in Windeln, da ich ihm den Lauf brach mit meinem Damm und setzte ihm Riegel und Türen und sprach: Bis hierher sollst du kommen und nicht weiter; hier sollen sich legen deine stolzen Wellen!«
>
> *Ijob 38,8–11*

Krakatau ist eine der vielen Vulkaninseln des indonesischen Archipels. Immer wieder wurde diese Region von leichten Erdstößen erschüttert. Doch als das Grollen aus dem Bauch der Erde nicht mehr zu überhören war und aus der Spitze des Vulkans schmutzige, dunkle Wolkenmassen emporstiegen, war klar, dass sich ein größerer Ausbruch ankündigte. Doch was sich dann am 27. August 1883 zutrug, übersteigt jegliche Vorstellungskraft. Der Knall der Explosion war noch auf Madagaskar, in mehr als 4600 Kilometer Entfernung, zu hören. Die Druckwelle umkreiste den Erdball sechseinhalbmal, Asche schoss mehr als 40 Kilometer hoch in die Atmosphäre. Selbst Orte, die Hunderte von Kilometern vom Schauplatz des Ereignisses entfernt waren, tauchten ein in tiefste Finsternis. Die Gewalt der Explosion entsprach 10 000 Hiroshima-Bomben, aber noch viel schlimmer waren die Auswirkungen der Welle. An vielen Stellen baute sich eine Killerwelle, ein sogenannter Tsunami, von über 40 Meter Höhe auf, die mit unvorstellbarer Wucht die gesamte Küstenregion verwüstete. Schiffe wurden mehrere Kilometer weit ins Land geschwemmt, Dörfer und Städte von der Gewalt des Wassers niedergewalzt. Mit einer Geschwindigkeit von über 500 Stundenkilometern raste die Flutwelle über das offene Meer, traf nach neun Stunden wieder auf Land und überschwemmte den Hafen von Kalkutta in Indien und zerstörte in Australien den Hafen der Stadt Perth.

»Bis hierher und nicht weiter!«, dürften die Menschen gehofft haben, die damals Zeugen des Infernos geworden waren. Auch wenn in der Bibel berichtet wird, dass Gott selbst Hiob erklärt hatte, dass er nur durch seinen Befehl »Bis hierher und nicht weiter« den Naturgewalten Einhalt geboten hatte, mussten wir erfahren, dass Gott weder beim Ausbruch des Krakatau noch bei der Tsunami-Katastrophe im Indischen Ozean am 26. Dezember 2004 dieses magische »Stopp!« gesprochen hat. Für uns Menschen sind solche Naturgewalten ohnehin nicht zu beherrschen. Wir müssen uns darauf beschränken, im Kleinen Grenzen aufzuzeigen, und wenn wir heute sagen: »Bis hierher und nicht weiter«, bedeutet das: Hier ist Schluss, diese Grenze sollten alle respektieren. Dabei verwahren wir uns gegen einen Eingriff in die Intimsphäre oder prangern in der politischen Auseinandersetzung die Verletzung bestimmter Grenzen an.

Das ist mir zu hoch

> »Wer ist der, der den Ratschluss verhüllt mit Unverstand?
> Darum bekenne ich, dass ich habe unweise geredet, was
> mir zu hoch ist und ich nicht verstehe.«
>
> *Ijob 42,3*

1937 veröffentlichte der deutsche Mathematiker Lothar Collatz ein Problem, das bis heute ungelöst ist. Man nehme eine beliebige natürliche Zahl. Ist sie gerade, teile man sie durch zwei; ist sie ungerade, multipliziere man sie mit drei und zähle eins dazu. Mit dem erhaltenen Resultat verfahre man genauso, also geteilt durch zwei oder mal drei plus eins, und so weiter. Collatz vermutete, dass man auf diese Art und Weise früher oder später immer bei eins landen würde. Diese Vermutung wurde mit Computern für Abermilliarden von Zahlen überprüft, und bisher hat man kein Gegenbeispiel gefunden. Allerdings ist es auch noch nicht gelungen, diesen Beweis mit allen Zahlen durchzuführen. Theoretisch ist es sogar möglich, dass die angenommene Regel unbeweisbar ist.

Der österreichische Mathematiker Kurt Gödel hat zu Beginn der dreißiger Jahre nachgewiesen, dass es Sätze gibt, die im gegebenen formalen System der Mathematik weder beweisbar noch widerlegbar sind. Ob die Vermutung von Collatz zu diesen Sätzen gehört, weiß man allerdings ebenso wenig. Es war der griechische Philosoph Sokrates, der die Einsicht gewonnen hatte, dass es kein sicheres Wissen gibt. Verkürzt kennen wir diese

Erkenntnis durch das berühmt gewordene geflügelte Wort »Ich weiß, dass ich nichts weiß.« Nichtwissen und Nichtbegreifen machten auch Hiob zu schaffen. Völlig unverschuldet und unverständlich hatten ihn entsetzliche Schicksalsschläge ereilt. Seine Anklage gegen Gott wurde tatsächlich erhört, doch die Fragen Gottes konnte Hiob nicht beantworten. Stattdessen erkannte er, dass das Handeln Gottes »zu hoch ist und ich nicht verstehe«, so steht es in Luthers Bibelübersetzung. Das Nichtverstehen Hiobs ist in unsere Alltagssprache eingegangen. Für Aufgaben, die wir nicht lösen können, und Fragen, auf die wir keine Antwort wissen, also für alles Unverständliche, gilt: »Das ist mir zu hoch.«

Auf Herz und Nieren prüfen

»Lass der Gottlosen Bosheit ein Ende werden und fördere
die Gerechten; denn du prüfst Herzen und Nieren.«

Psalter 7,10

Nieren und Herz spielen in der Heiligen Schrift eine besondere Rolle. Bereits aus altägyptischer Zeit stammt die
Vorstellung, dass die Menschen durch unterschiedliche
Anteile an den vier Elementen Erde, Wasser, Feuer, Luft
charakterisiert sind. Später wurde diese Idee von der
griechischen Naturphilosophie aufgegriffen. Die Phänomene, die sich im Mikrokosmos Körper abspielen, wurden in direkten Zusammenhang mit denen des Makro-
kosmos gestellt. Dementsprechend wurden den vier Elementen Erde, Wasser, Feuer, Luft die vier Gemütstypen
Sanguiniker, Choleriker, Melancholiker und Phlegmati-
ker zugeordnet. Die dazugehörenden vergleichbaren phy-
sischen Eigenschaften sind das Blut, feucht und warm
mit Sitz im Herzen; die gelbe Galle, warm und trocken,
agiert auf der Leber; die schwarze Galle, kalt und trocken mit Sitz in der Milz; schließlich der Schleim, kalt
und feucht, er hat seinen Platz im Kopf, aber auch im
Magen, der Blase und in den Nieren. Das Herz gilt in der
Naturphilosophie symbolisch als das Organ der Liebe:
Liebeskummer und Enttäuschungen machen das Herz
krank, Herzeleid führt nicht selten zu Herzleiden.

Die Nieren haben etwas zu tun mit der Lauterkeit der
Gesinnung und der Reinheit des Denkens, denn sie ha-

ben eine reinigende Funktion, und sie galten auch als Sitz und Zentrum des Lebens. Vom medizinischen Standpunkt aus betrachtet, gelten die Nieren als notwendiges Reinigungsorgan des Körpers. Analog dazu betrachtet die Bibel die Nieren als geistigen Träger für die Reinigung des Menschen von der Sünde. Ohne Vergebung belasten die Sünden das Leben, und der Mensch stirbt den geistigen Tod. Auch im übertragenen Sinne kann also keiner ohne Nieren leben, genauso wie der Mensch ohne das Organ Niere sterben muss. Das gilt gleichermaßen für das Herz, das zentrale Organ des Blutkreislaufs, von dessen regelmäßigem Schlag das Leben abhängt und ohne das der Mensch auch nicht leben kann. Wurden die Nieren als eine Art Gewissen angesehen, so galt das Herz in der biblischen Bildersprache als Wesen und Kern der menschlichen Person schlechthin. Freudlosigkeit, Traurigkeit, Schrecken, Trübsal und Angst, aber auch Freude und Glück werden dem Herzen als geistlich-seelisches Zentrum des Lebens zugeordnet. Im Herzen plant der Mensch, dort hat die Entschlossenheit ihre Wurzel, und im Herzen haben andere Menschen ihren Platz. Weisheit und Treue, aber auch Torheit wohnen im Herzen, ebenso haben persönliche Zuneigung und Hass hier ihren Sitz. Die Entscheidungen über Ungehorsam und Gehorsam werden dem Herzen als symbolischer Stätte der Empfindungen zugeordnet.

Wenn Gott nach Ansicht der Bibel auf Herz und Nieren prüft, dann geht es um Fühlen und Gewissen, Dinge also, die kein anderer Mensch prüfen könnte. Dennoch versuchen wir alle möglichen Dinge auf Herz und Nieren zu prüfen, also einen möglichst gründlichen Check-up bis ins Innerste eines Menschen oder einer Sache vorzunehmen.

Bleibe im Lande und nähre dich redlich

»Hoffe auf den Herrn und tue Gutes; bleibe im Lande und nähre dich redlich.«

Psalter 37,3

Der Film *Der verlorene Sohn* gilt als eine der besten Arbeiten von Luis Trenker. Es ist die Geschichte eines Naturburschen, der durch ein Unglück den besten Freund verliert. Um zu vergessen und um fern der Heimat sein Glück zu machen, geht er nach New York. In der Fremde erlebt er eine schwere Enttäuschung nach der anderen: Er findet keine Arbeit; Hunger, Einsamkeit und Heimweh quälen ihn. Als sich endlich alles zum Guten zu wenden scheint, sieht er zufällig ein Bild der goldenen Sonnenmaske, das Wahrzeichen seines Dorfes. Es wird ihm klar, dass er in seine Heimat Tirol zurückkehren muss, um endlich Frieden zu finden.

Schon aus dem Alten Testament können wir lernen: »Bleibe im Lande und nähre dich redlich.« Doch hier geht es nicht um eine Warnung an Glücksritter, Abenteurer oder Reisende in fremde Länder. Der Satz soll vielmehr vor revolutionären Umtrieben oder vor dem eigenmächtigen Kampf gegen das vermeintlich Böse warnen. Eine Kapitulation vor unannehmbaren Zuständen bedeutet es allerdings auch nicht, es wird vielmehr zu Selbstdisziplin und Gewaltlosigkeit aufgefordert, und zwar mit der Zuversicht, dass Gott allein die Dinge regeln wird.

In diesem Zusammenhang ist vielleicht zu verstehen,

dass trotz aller Unzufriedenheit mit den Verhältnissen in der ehemaligen DDR und trotz der Einschränkungen, denen kritische Künstler dort unterworfen waren, sich etliche weigerten, ihre Heimat zu verlassen. Die Redewendung »Bleibe im Lande und nähre dich redlich« wurde von vielen als Aufforderung zum Standhalten interpretiert, also zur Treue nicht nur dem Land gegenüber, sondern auch, um der idealistischen Idee des Sozialismus mehr Zeit zu geben, sich in der Realität zu verwirklichen.

Jemanden unter seine Fittiche nehmen

»Lass mich wohnen in deiner Hütte ewiglich und Zuflucht haben unter deinen Fittichen.«

Psalter 61,5

Ein Psalter ist ein Saiteninstrument, dessen Ursprünge in den orientalischen Kulturraum zurückreichen. Der Name leitet sich von dem griechischen Wort für Saitenspiel »psalmós« ab, das auf die hundertfünfzig Texte des Alten Testaments übertragen wurde, die wir dementsprechend Psalmen nennen. Diese gesungenen Gebete ertönten bereits im Tempel zu Jerusalem, und sie gehören noch heute zur Liturgie der christlichen Kirchen. Damit sind die Psalmen das älteste heute noch gebräuchliche religiöse Gesangbuch.

Doch nicht nur der Text hat die Zeiten überdauert, sondern man weiß, dass auch die Begleitmusik seit Jahrtausenden bis zu unseren heutigen Psalmen-Melodien weitgehend unverändert geblieben ist. Die Psalmen sind Dichtungen aus rund achthundert Jahren israelitischer Geschichte, die bei verschiedenen Gelegenheiten entstanden sind. In ihnen spiegeln sich Erinnerungen an geschichtliche Ereignisse ebenso wie ganz persönliche Schicksale. So beispielsweise das Klagelied eines Beters, der offenbar fernab von Jerusalem lebte und der sich dort bedroht fühlte. Er sehnte sich in den Schutz des Tempels und des dort aufbewahrten Tabernakels zurück. Ganz besonders träumte er aber von einer rettenden Zuflucht unter den über dem Heiligsten ausgebreiteten göttlichen Fittichen.

Mose hatte auf dem Berg Sinai nicht nur die zehn Gebote empfangen, sondern auch die Anweisung zum Bau eines Tabernakels, der Stiftshütte, bekommen. Dieses Heiligtum sollte ein Ort der Begegnung zwischen Gott und dem Volk Israel sein. Entsprechend der göttlichen Bauanleitung waren im innersten Raum, dem Allerheiligsten, goldene Leuchter, der goldene Räucheraltar, ein Tisch mit Schaubroten sowie weitere goldene Geräte aufgestellt worden. Hinter einem Vorhang befand sich die wertvolle Bundeslade, über der zwei hochrangige Engel, die Cherubim, ihre Flügel zum Schutz ausgebreitet hatten. Genauso, wie Brutvögel ihren schutzbedürftigen Nachwuchs unter ihren Flügeln wärmen und bewachen. Die Vorstellung, dass jeder Mensch von Flügeln der Cherubim behütet wird, dass also jeden von uns jederzeit ein Schutzengel begleitet, ist ein alter Menschheitstraum.

Um den Traum Wirklichkeit werden zu lassen, müssen wir manchmal diese Schutzengelfunktion selbst übernehmen. Und wenn wir uns um schwache, hilfsbedürftige oder auch talentierte Mitmenschen kümmern, sie beschützen oder fördern, dann heißt es, wir nehmen jemand unter unsere Fittiche.

Das Wasser steht jemandem bis zum Hals

»Gott, hilf mir; denn das Wasser geht mir bis an die Seele.«

Psalter 69,2

Die wichtigste Voraussetzung für alle Formen des Lebens, wie wir sie kennen, ist das Wasser. Bei der Erforschung anderer Planeten und Himmelskörper sucht man zuerst immer auch nach Wasser als einem Grundelement. Jede Lebensform, von den kleinsten Bakterien bis zum Elefanten, besteht zumindest zu zwei Dritteln aus Wasser – das würde auch für Marsmännchen gelten. Nachdem man auf diesem Planeten Hinweise auf Wasser entdeckt hatte, diskutierte man sofort die alte Frage, ob es vielleicht doch Leben auf dem Mars gegeben hat oder sogar noch gibt. In den unterschiedlichsten Kulturen und Weltgegenden kommt Wasser als Urstoff oder Urgottheit in den Mythen der Völker vor. Andererseits tritt es auch oft als lebensbedrohendes Element in Erscheinung. Die Schöpfung geschieht im Kampf von Wasser und Land als den beiden Ausgangselementen. Im Bild vom Fluss wird Wasser zum Symbol für das Leben schlechthin: In der griechischen Mythologie trennt der Unterweltfluss Styx die Welt der Lebenden vom Totenreich. Der Volksmund drückt in vielen Sprichwörtern die Bedeutung des Wassers aus: vom »Tropfen auf den heißen Stein« bis zu »Steter Tropfen höhlt den Stein« – die Bandbreite reicht also von Aussichtslosigkeit bis zum Erfolg mit Geduld und Kraft.

Auch in der Heiligen Schrift spielt das Wasser eine außerordentlich wichtige Rolle. Über fünfhundertmal kommt dieses Element in der Bibel vor. Ein spektakuläres Ereignis ist die Geschichte um den Archebau, um Noah und die Sintflut, die ursprünglich alles Leben auf der Erde zerstören sollte. Wenn der Wasserspiegel so hoch steigt, dass man nicht mehr atmen kann, bedeutet das für den Menschen den Tod. Das Gefühl zu ertrinken hatte wohl auch ein schuldlos Verfolgter, von dem der Psalm 69 berichtet und der sein Elend mit den Worten »Das Wasser geht mir bis zur Seele« bildhaft beschrieben hat. Und weil der irdische Mensch eine Einheit aus Seele, Körper und Geist ist, kann der Untergang der Seele nur den Tod bedeuten. Mit diesem Bild eines Ertrinkenden benennen wir heute alle möglichen bedrohlichen Lebenssituationen. Kann man beispielsweise seine Schulden nicht mehr bezahlen, so ist zumindest die materielle Existenz bedroht. Die Sorgen sind so groß, dass es nur wenig mehr bedarf, um die Situation für den Betroffenen hoffnungslos erscheinen zu lassen. Diesen Zustand bezeichnen wir ganz treffend mit der Redewendung: »Das Wasser steht mir bis zum Hals.«

Auf Händen tragen

»Denn er hat seinen Engeln befohlen über dir, dass sie dich behüten auf allen deinen Wegen, dass sie dich auf Händen tragen und du deinen Fuß nicht an einen Stein stoßest.«
Psalter 91,11–12

Wer klug ist und sich an die göttliche Ordnung hält, dem kann es nur gutgehen. Stürzt ein Mensch dagegen ins Unglück, so hat er sich dies selbst zuzuschreiben. Doch der Weg zu Glück und Erfolg ist nicht ganz so einfach. Ein wenig Vertrauen in Gottes schützende Macht sollte auf jeden Fall vorhanden sein. Zumindest wird in Psalm 91 in einer Reihe von Bildern gezeigt, wie dieser Schutz aussehen könnte. Es geht um Schirm und Schatten, um Fittiche und um den Befehl Gottes an seine Engel, die Menschen auf allen ihren Wegen zu behüten und sie auf Händen zu tragen. Da Gott dies verspricht, kann man sich darauf verlassen.

Ob das auch für die romantische Formel »jemanden auf Händen zu tragen« gilt, darf bezweifelt werden. Den Kniefall und das Versprechen, die Geliebte zu verwöhnen, sie vor Unheil zu bewahren und auf Händen zu tragen, kennt man hauptsächlich von der Kinoleinwand. Aber auch im wirklichen Leben hat sich bis heute der Brauch erhalten, dass der Bräutigam die Braut über die Schwelle trägt. Angeblich lauern unter der Türschwelle böse Geister, die der Braut ihr Glück missgönnen. Um sie vor diesen dunklen Mächten zu beschützen, trägt der

Bräutigam seine Frau auf seinen Armen in das gemeinsame Heim mit dem Versprechen, sie auch in Zukunft auf Händen zu tragen. Ob und wie oft dieses Versprechen eingehalten wird, das ist eine andere Frage.

Den Seinen gibt es der Herr im Schlaf

»Es ist umsonst, dass ihr früh aufstehet und hernach lange sitzet und esset euer Brot mit Sorgen; denn seinen Freunden gibt er's schlafend.«

Psalter 127,2

Fast ein Drittel seines Lebens verbringt der Mensch im Schlaf, in einem Zustand, der auf den ersten Blick als unproduktiv, bewusstlos und von vielen als nutzlos empfunden wird. Schlafforscher erklären diesen unvermeidbaren Ausfall von geistiger und körperlicher Aktivität meist damit, dass sich der Körper nur so regenerieren kann. Andererseits zeigen Biographien von Wissenschaftlern und Künstlern, dass sie im Schlaf einige ihrer besten Ideen hatten. Paul McCartney etwa fiel die Melodie des Welthits *Yesterday* in einem nächtlichen Traum ein. Schlafend erschloss sich dem russischen Chemiker Dmitrij Mendelejew der Aufbau des Periodensystems. Im Traum erkannte der deutsche Naturwissenschaftler Friedrich August Kekulé von Stradonitz die Molekularstruktur des Benzolrings. Möglicherweise hatte auch Albert Einstein seine genialen Erkenntnisse nur deshalb, weil er bekanntermaßen viel geschlafen hat. Auch in der Bibel werden den Menschen im Schlaf sonderbare und wunderbare Offenbarungen zuteil, wie in Jakobs Traum von der Himmelsleiter, der Traum des Pharao von den sieben fetten und sieben mageren Kühen oder der Traum Nebukadnezars von den vier Weltreichen.

Der Schlaf ist also kein Zustand völliger Passivität, sondern es laufen ziemlich aufregende seelische Aktivitäten ab, in der sich tiefe Schichten des Selbst öffnen. Möglicherweise herrschte im alten Israel die Überzeugung, dass der Schlaf eine Lebensäußerung sei, die Gott gern benutzte, um den Menschen zu erscheinen und ihnen den richtigen Weg zu weisen. »Den Seinen gibt es der Herr im Schlaf«, wird im Psalm 127 behauptet, und der Verfasser erklärt, warum ohne Gottes Segen alle Mühen und Anstrengungen nicht ausreichen, um Bleibendes und Wertbeständiges zu schaffen. Generationen von Schülern und Studenten hofften, sich auf diesen Spruch verlassen zu können – vergebens. Da die Erleuchtung im Schlaf nur sehr selten funktioniert, ist die Redewendung »Den Seinen gibt's der Herr im Schlaf« unser ironischer Kommentar, wenn wir nicht verstehen wollen, dass ein Glückspilz entgegen allen Erwartungen wieder einmal unverschämt erfolgreich war.

Hochmut kommt vor dem Fall

> »Wer zu Grunde gehen soll, der wird zuvor stolz; und Hochmut kommt vor dem Fall.«
>
> *Sprüche 16,18*

In den mythischen Erzählungen können wir unterschiedliche Charaktereigenschaften, wie Selbstsucht, Geiz, Habgier, Mut, Treue und viele andere mehr, entdecken, die auch heute im menschlichen Zusammenleben eine bedeutsame Rolle spielen. Dazu gehört auch der Hochmut, eine Eigenschaft mit oft fatalen Folgen. Die antiken Mythen wirken durch die Zeit hindurch weiter, und viele unserer Lebensregeln leiten sich daraus ab. Beispielsweise wird in der griechischen Mythologie das Prinzip des Mittelmaßes in der Sittenlehre mit der vorgeschriebenen Flugbahn des Ikarus durch die Lüfte erklärt.

Ikarus erhielt von seinem Vater den Befehl, beim Flug über das Meer weder zu hoch noch zu niedrig zu fliegen. Wenn er zu hoch aufstiege, bestünde die Gefahr, dass das Wachs durch die Sonne schmelzen könnte, da seine Flügel mit Wachs zusammengeklebt waren. Flöge er aber zu niedrig und käme dem feuchten Dunst des Meeres zu nahe, würden die Schwingen durch die Feuchtigkeit ihre Geschmeidigkeit verlieren. In jugendlichem Übermut verließ Ikarus die sichere Mitte, schwang sich zu weit hinauf, seine Flügel trugen ihn nicht mehr, und er stürzte kopfüber hinab und ertrank im Meer. Vielleicht haben damals die griechischen Götter gedacht: »Hochmut kommt vor dem Fall!« Vor Überheblichkeit wird auch im Alten Testament, im Buch der Sprichwörter, gewarnt. Hier findet man Allerweltsweisheiten, bei denen es sich um nicht viel mehr handelt als um Ratschläge für den sichersten Weg zum Erfolg im Beruf und im Leben. Es geht aber nicht nur um religiöse Weisheiten, sondern es stellt auch ein Kompendium dar, das die Lebensweisheiten aller Völker des Nahen Ostens aus vielen Jahrhunderten beinhaltet. Bei den meisten Textstellen handelt es sich um nützliche Ratschläge, wobei ein Ursache-Wirkungs-Zusammenhang als ein Grundmuster dieser Sprichwörter gelten kann. Hochmütig ist nach biblischem Verständnis nicht derjenige, der ein gesundes Selbstbewusstsein hat, sondern derjenige, der bei all seinem Planen nur noch sich selbst zum Maß aller Dinge macht. Der Satz »Hochmut kommt vor dem Fall« ist das Fazit aus der Erfahrung, dass es dem Menschen allgemein nicht gut bekommt, sich göttlich zu wähnen. Die Redewendung hat also nichts mit Schadenfreude zu tun, sondern besagt auch heute noch, dass Überheblichkeit und Selbstüberschätzung wie bei Ikarus zum Scheitern führen.

Nichts Neues unter der Sonne

»Was ist's, das geschehen ist? Eben das hernach geschehen wird. Was ist's, das man getan hat? Eben das man hernach tun wird; und geschieht nichts Neues unter der Sonne.«

Prediger 1,9

Das Buch Kohelet umfasst eine Sammlung von Weisheitssprüchen, praktischen Lebensratschlägen und Warnungen vor falscher Lebensweise. Der Autor war offensichtlich zu der pessimistischen Erkenntnis gekommen, dass der Tod letztlich jede Errungenschaft des Lebens auslöscht. Daher empfiehlt er, das Leben zu nutzen und jeden Tag als einzigartig zu genießen, da die Zukunft ungewiss sei. Doch auch die Gegenwart ist für ihn nicht besonders aufregend, da sich alles in einem ewigen Kreislauf wiederholt. Fazit: Es gibt nichts Neues unter der Sonne. Das war eine Erkenntnis, die man im Laufe von Generationen gewonnen hatte. Man hatte gelernt, dass die Geschlechter kommen und gehen und nur die Erde unvergänglich ist. Es galt als sicher, dass sich das Auf und Ab der Menschheitsgeschichte vor dem stabilen Hintergrund einer Natur vollzieht, die immer gleich bleibt. Zwar wusste man, dass mit Schwankungen des Wetters und der Ernte zu rechnen ist, es also fette und dürre Jahre gibt, doch gleichen sie sich über den Lauf der Jahre hinweg aus, so dass dadurch keine grundlegende Veränderung stattfinden würde. Die Natur bildete somit den

Gegensatz zur Geschichte, sie war die unwandelbare Kulisse, vor der sich das eigentliche menschliche Drama abspielte.

Inzwischen haben wir allerdings gelernt, dass sich auch die ökologischen Bedingungen dramatisch verändern. Die Debatten über Klimawandel, Ozonloch, Artenschwund, Bodenerosion und Wasserverschmutzung zeigen, dass sich im einundzwanzigsten Jahrhundert unser Weltbild von der unveränderlichen Natur verändert hat. Heute sehen viele Menschen die Zukunft der Generationen bereits bedroht, und es scheint sicher, dass nichts so bleibt, wie es gegenwärtig ist, wenn dem Klimaschutz und der Verknappung der Ressourcen nicht Rechnung getragen wird.

Zitieren wir heute die im Buch Kohelet dargelegte pessimistisch gemeinte Erkenntnis »nichts Neues unter der Sonne«, dann stimmen wir etwas resigniert seiner Erkenntnis in dem Sinne zu, dass bestimmte Geschehnisse und Verhaltensmuster immer wiederkehren und uns nicht überraschen oder enttäuschen sollten, auch nicht in der Umweltdebatte.

Alles hat seine Zeit

>»Ein jegliches hat seine Zeit, und alles Vornehmen unter
dem Himmel hat seine Stunde.«
>
> *Prediger 3,1*

Aus der Friedens- und Konfliktforschung wissen wir,
dass Friedensverhandlungen oft deswegen scheitern, weil
die Zeit für ein tragfähiges Abkommen noch nicht reif
ist. Kluge Politik sollte also darauf einwirken, dass eine
solche Reifesituation möglichst rasch entsteht. Den ex-
akten Zeitpunkt können wir in der Regel jedoch nicht
vorher bestimmen. Man kann nicht einmal sicher sein,
dass die eigene Auffassung über die augenblickliche Zeit
zutrifft. Erst im Rückblick, angesichts einer Bilanz des
eigenen erfolgreichen oder gescheiterten Handelns, kann
man dies genauer einschätzen, obwohl es auch dabei keine endgültige Sicherheit geben kann.

Generell gilt es, Risiken möglichst überschaubar zu
halten und Handlungsweisen zu vermeiden, die irrever-
sible Konsequenzen haben könnten. Dieser Grundsatz
wird insbesondere dann bedeutsam, wenn unwiderrufli-
che Folgen einem Dritten Schaden zufügen. Darüber
hinaus sollte man immer daran denken, dass es nicht unbedingt die erste, sondern vielleicht erst die zweite, dritte
oder vierte Handlung in einer Kette sein kann, bei der
sich eine einmal getroffene Entscheidung dann plötzlich
fatal auswirkt.

Die Handlungsmaxime, jeweils alle möglichen Folgen

in Betracht zu ziehen, ist im Buch Kohelet überliefert. Der hebräische Titel des Buches lautet: »Worte des Kohelet, des Sohnes Davids, des Königs von Jerusalem«, was bei Martin Luther zu der Überzeugung führte, dass es sich beim »Sohn Davids« zweifellos um Salomo handeln musste. Doch das war falsch, denn weder Salomo noch ein Zeitgenosse von ihm kann der Verfasser gewesen sein. In allen Texten steckt so viel griechische Ideologie, dass sie wahrscheinlich erst zweihundertfünfzig vor Christus entstanden sind. Heute weiß man, dass ein Kohelet jemand war, der Schüler oder auch nur Zuhörer um sich versammelte.

Das Buch Kohelet entstand zu einer Zeit, als in Palästina die Ptolemäer herrschten. Sie waren griechischer Herkunft, und das bedeutete für die Juden, die nach dem Ende des babylonischen Exils nach Palästina zurückgekehrt waren, eine besondere kulturelle Herausforderung: Es galt sich jetzt neuen Fragen zu stellen und sie auch theologisch zu verarbeiten, und zwar vor dem Hintergrund hellenistischen Denkens und seiner Sicht auf die Grundprobleme des menschlichen Lebens. Die Denkschule dieses Kohelet war von der tiefen Skepsis geprägt, ob es zwischen einer ethisch guten, gottesfürchtigen Lebensführung und irdischem Wohlergehen wirklich einen direkten Zusammenhang gab. Immer wieder musste man erleben, dass es denen gutging, die den Menschen Gewalt antaten, während jene, die sich um ein gottgefälliges Leben mühten, oft ohnmächtig die Folgen dieser Gewalt erleiden mussten.

Angesichts dieser Ungerechtigkeit in der Welt konnte man den Sinn dessen, was anscheinend mit Wissen und Zustimmung Gottes geschah, kaum verstehen. Zwar wurde das endgültige Gericht über die Handlungen der Menschen erst am Ende der Zeit erwartet, zwischen Gut und Böse, zwischen Recht und Unrecht musste dennoch in der Gegenwart entschieden werden. Unter der Voraussetzung, dass die reale Welt nicht das letzte Wort hat, gibt der alttestamentarische Prediger den Ratschlag, man solle das Glück des Tages genießen, solange es währt, und tatkräftig handeln, wo immer dies möglich sei.

Derartige Erkenntnisse waren von der damals zeitgenössischen Philosophie der Ptolemäer geprägt. Was die Schüler dieses Kohelet zu hören bekamen, war also ungewöhnlich genug. Doch trotz aller Skepsis hielt der Prediger am Sinn und der Verbindlichkeit ethischer Normen fest. Das wird besonders deutlich in seiner Argumentation über die »rechte Zeit«. Wahrscheinlich kannte er die Schriften der griechischen Philosophen, die sich auch schon mit dem Problem der Zeit auseinandergesetzt hatten. Kohelet beginnt mit den Worten: »Alles hat seine Zeit«, und stellt Gegensatzpaare aus dem Bereich der Lebenswelt einander gegenüber. Er erörtert den individuellen Lebensbeginn und das persönliche Sterben sowie das generelle Problem von Krieg und Frieden. »Alles hat seine Zeit«, das war einleuchtend. Auch über zweitausend Jahre später gelten diese Worte noch, allerdings denken wir nicht an bestimmte Zeitabläufe, sondern versuchen mit dem Zitat: »Alles zu seiner Zeit«, etwas Ordnung in unser Zeitmanagement zu bringen.

In einem Elfenbeinturm leben

> »Dein Hals ist wie ein elfenbeinerner Turm. Deine Augen
> sind wie die Teiche zu Hesbon am Tor Bathrabbims. Deine
> Nase ist wie der Turm auf dem Libanon, der gen Damaskus
> sieht.«
>
> *Hohelied 7,5*

Den Verfassern der Bibel ist nichts Menschliches fremd,
es geht um Mord, Verrat, Krieg, aber natürlich auch um
Liebe, Erotik und um Sex. Das Hohelied ist eine pri-
ckelnde, erotische Liebeslyrik, das die Annäherung zwischen zwei Liebenden schildert. Als Verfasser des Ho-
heliedes oder, wie es wörtlich übersetzt heißt, des Liedes
der Lieder, wurde lange Zeit der biblische König Salomo
genannt. Wahrscheinlich deshalb, weil im Hohelied ein
gewisser Salomo genannt und der für seine Weisheit berühmt gewordene König Salomo im Alten Testament als
Autor von 1005 Gedichten erwähnt wird.

Jedenfalls treten in dem biblischen Liebesgedicht ein
Mann, eine Frau und ein Chor als Erzähler auf. Blu-
mig und offen beschreibt der Mann die Anmut, Schönheit und Attraktivität seiner Geliebten. Unter anderem
schwärmte er auch von dem Hals der Schönen, den er
mit einem Turm aus Elfenbein verglich. Dabei dachte er
aber weniger an das wertvolle Material bestimmter Tier-
zähne, das hauptsächlich aus den Stoßzähnen von Elefanten gewonnen wird und das ursprünglich Elefanten-
bein genannt wurde, sondern an die ätherisch schönen,

ewig jungen und bekanntlich in allen weiblichen Verführungskünsten erfahrenen Elfen.

Doch einfach als eine weltliche Liebesgeschichte zwischen Mann und Frau wollten weder Juden noch Christen dieses Hohelied verstanden wissen. Das Hohelied wurde in der Geschichte der Religion lange Zeit ganz und gar unsinnlich als Allegorie der göttlichen Liebe ausgelegt. Während die Juden die erotische Annäherung, von der das Gedicht handelt, als Beschreibung der Liebe zwischen Gott und seinem auserwählten Volk interpretierten, verstand das Christentum die Liebeslyrik später als Lobpreisung der Beziehung zwischen Christus und der Kirche als der Braut Christi. Im Mittelalter sah man die im Hohelied gepriesene Schöne schließlich als Repräsentation der Maria. Im Marienlobpreis, der sogenannten Lauretanischen Litanei aus dem zwölften Jahrhundert, wird Maria direkt als »Du elfenbeinerner Turm« angesprochen und somit zum Symbol edler Reinheit.

Im neunzehnten Jahrhundert verließ der Elfenbeinturm sein religiöses Umfeld und wurde ganz allgemein zu einem immateriellen Ort absoluter Reinheit, Abgeschiedenheit und Unberührtheit, an dem sich vor allem Literaten und Wissenschaftler aufhielten. Später beurteilte man Forschung im Elfenbeinturm mit einer Mischung aus Bewunderung und Spott, denn man verstand darunter weltfremde Gelehrte, die einzig für ihre Aufgabe lebten und sich dabei nicht um die gesellschaftlichen Folgen ihrer Tätigkeit kümmerten. Schließlich wurde der Elfenbeinturm zum absolut negativen Synonym für diejenigen Entscheidungen, die ohne weitere Erklärungen

und ohne Rücksicht auf mögliche Folgen getroffen werden. Das ursprünglich ästhetische Attribut für den Hals,
der für den Verfasser des Psalms schön wie ein Turm aus
Elfenbein war, ist inzwischen weitestgehend in Vergessenheit geraten.

Stein des Anstoßes

> »Ihr sollt nicht sagen: Bund. Dies Volk redet von nichts
> denn vom Bund. Fürchtet ihr euch nicht also, wie sie tun,
> und lasset euch nicht grauen; sondern heiliget den Herrn
> Zebaoth. Den lasset eure Furcht und Schrecken sein, so
> wird er ein Heiligtum sein, aber ein Stein des Anstoßes und
> ein Fels des Ärgernisses den beiden Häusern Israel, zum
> Strick und Fall den Bürgern zu Jerusalem.«
>
> *Jesaja 8,12–14*

Angeblich haben sich in Ostpreußen im neunzehnten
Jahrhundert zwei Familien über die Eigentumsrechte
an einem Stein vor Gericht gestritten. Welche Funktion
der Stein hatte, wie er aussah oder welchen Wert er hatte, ist nicht bekannt. Nach Ansicht des Richters handelte es sich jedenfalls um eine Bagatelle, und er forderte
die Kontrahenten auf, den begehrten Stein vor dem Ge-
richtsgebäude zu vergraben als Zeichen und Mahnung,
die Justiz in Zukunft nicht mit derartigen Lappalien
zu belästigen. Offenbar hat die Belehrung des ostpreu-
ßischen Richters Wirkung gezeigt, denn dass nach diesem Prozess jemals wieder eine aktenkundige Auseinandersetzung stattgefunden hat, bei der ein Stein Auslöser
von Zank und Streit war, ist nicht überliefert.

Alles andere als eine Nebensächlichkeit freilich ist
der biblische »Stein des Anstoßes«. Der Prophet Jesaja
war Zeitzeuge der Expansionsbestrebungen der Assyrer,
von denen auch das jüdische Reich bedroht wurde. Zu-

nächst versuchte man durch Anerkennung der assyrischen Oberherrschaft eine gewisse Unabhängigkeit zu bewahren, später schloss man mit Philistern und Ägyptern antiassyrische Allianzen. Damit hatte man aber gegen das absolute Verbot Gottes, sich militärischen Bündnissen anzuschließen, verstoßen. Jesaja ahnte die kommende Katastrophe und riet, sich von solcher Politik abzuwenden und allein auf Gott zu verlassen. Gott selbst wollte sich wie ein Stein, an dem sich die Gegner stoßen, in den Weg legen. Doch das Volk überhörte alle Warnungen und musste dafür bitter büßen. Ganz Juda wurde von den Assyrern besetzt, nur die Festung Jerusalem konnte eine Zeitlang Widerstand leisten. Als der totale Untergang unvermeidbar schien, erinnerte man sich an die Warnungen von Jesaja. In letzter Not war man bereit, alle Hoffnung auf Gottes Hilfe zu setzen und ihm zu vertrauen. Tatsächlich wurde Jerusalem in letzter Stunde gerettet. Zwar wird der Stein, über den die Armee der Assyrer stolpern sollte, nicht mehr erwähnt, Fakt ist jedoch, dass der Feind seine Belagerung beendete. In der Bibel ist nachzulesen, dass der Engel des Herrn hundertfünfundachtzigtausend Mann geschlagen haben soll. Der griechische Geschichtsschreiber Herodot lieferte eine eher diesseitige Erklärung; demnach schlug eine Mäuseplage die Assyrer in die Flucht.

Auf eine wortwörtliche Form eines Steins des Anstoßes treffen wir auch in unserer heutigen Zeit. Sogenannte Stolpersteine finden sich in vielen großen Städten. Das sind blinkende Messingplatten, die auf Gehwegen zwischen den Pflastersteinen vor einigen Häusern eingelassen sind. Sie erzählen von Menschen, die hier lebten, bevor der Naziterror stattfand. Tatsächlich sind sie Steine des Anstoßes im doppelten Sinne: Einmal stolpert man über die Geschichte, Erinnerungen kommen zurück, Namen bleiben nicht länger anonym und geraten nicht in Vergessenheit. Andererseits sind die Stolpersteine für viele ein Stein des Anstoßes, weil sie auf dem Boden eingelassen sind und deswegen mit Füßen getreten werden. Ein Stein des Anstoßes kann überall ein Ärgernis oder einen Streit auslösen.

Ein Lippenbekenntnis ablegen

> »Und der Herr spricht: Darum dass dies Volk zu mir naht mit seinem Munde und mit seinen Lippen mich ehrt, aber ihr Herz fern von mir ist und sie mich fürchten nach Menschengeboten, die sie lehren.«
>
> *Jesaja 29,13*

Propheten im Alten Testament waren keine Hellseher, die die Zukunft voraussagten. »Propheten« nannte man jene Menschen, die für einen anderen sprachen. Jeder, der nicht besonders sprachgewandt war, konnte auch privat einen Propheten, also einen Sprecher, engagieren, der für ihn bei Verhandlungen oder Auseinandersetzungen das Wort ergriff. Die biblischen Propheten waren die Sprecher Gottes.

Das umfangreichste prophetische Werk hinterließ Jesaja. Vierzig Jahre lang war er zur Zeit der Bedrohung durch die antike Großmacht Assyrien in Jerusalem als Prophet tätig. Niemals nahm der Prophet Jesaja ein Blatt vor den Mund, wenn er in Gottes Namen beispielsweise die Scheinheiligkeit des Volkes anprangerte und über den sinnentleerten Kult des Gottesdienstes klagte, den man nur aus Tradition vollzog. Gott warf seinem Volk vor, dass es ihn nicht wirklich liebte, sondern nur noch davon redete. Der Glaube war zum leeren Ritual geworden. Kritisiert wird hier der Widerspruch von Reden und Tun, das reine Lippenbekenntnis, bei dem eine falsche Frömmigkeit nur vordergründig und ohne innere Überzeugung die Konventionen einhält. Die verbreitete Praxis, sich mit leerem Geschwätz in Szene zu setzen, wurde vom Propheten zwar beanstandet, Konsequenzen gab es aber keine, demgegenüber gilt das Lippenbekenntnis heute als Lüge.

Ein Lippenbekenntnis drückt aus, dass man sich ohne wirkliche Absicht mit etwas solidarisiert oder identifiziert. Im Extremfall hat der Sprecher sogar schon vorsorglich Gegenmaßnahmen eingeleitet. Lippenbekenntnisse scheinen eine beliebte Domäne von Politikern zu sein: Viele Versprechungen vor Wahlen stellen sich hernach leider als Lippenbekenntnisse heraus.

Früchte des Zorns

»Darum spricht der Herr: Siehe, mein Zorn und mein Grimm ist ausgeschüttet über diesen Ort, über Menschen und Vieh, über Bäume auf dem Felde und über die Früchte des Landes; und der soll brennen, dass niemand löschen kann.«

Jeremia 7,20

Hellseher haben angeblich die Gabe, die Zukunft vorauszusagen. Ihre Vorhersagen sind immer orakelhaft verpackt, damit durch den großen Interpretationsspielraum hinterher herausgelesen werden kann, was inzwischen eingetroffen ist. Für die Propheten des Alten Testaments trifft diese Beschreibung nicht zu, denn sie waren offizielle Sprecher Gottes und wussten aufgrund göttlicher Eingaben tatsächlich, was die Zukunft bringen würde.

Die große Zeit der biblischen Propheten begann während der Babylonischen Gefangenschaft und reichte bis zum zweiten Jahrhundert vor Christus. In dieser Zeit lenkten und kommentierten sie das politische und geistige Leben der Israeliten. Der Prophet Jeremias lebte in Jerusalem, als die Stadt von den Babyloniern bedroht wurde. Er hatte eindringlich vor der Strafe Gottes gewarnt und den Untergang prophezeit, wenn das Volk den Gehorsam verweigerte und fremden Göttern opferte. Am Ende ereilte ihn das Schicksal vieler unbequemer Mahner, er wurde verfolgt und verbannt. Die prophezeite Katastrophe traf tatsächlich ein, denn Jerusalem wurde zerstört, und die Juden gerieten durch den assyrischen König Nebukadnezar im sechsten Jahrhundert vor Christus in Babylonische Gefangenschaft. Deswegen betrachten gläubige Juden bis heute die Weissagung des Jeremias, nach der Gottes Zorn über die Früchte des Landes ausgeschüttet wurde, als historisch belegbare Erfüllung dieser Drohung.

Weltweit bekannt geworden ist das Zitat »Früchte des Zorns« als Titel des 1939 erschienenen Romans von John Steinbeck, in dem auf die Figur Hiob und seine Charaktereigenschaften angespielt wird. Steinbeck erzählt das Schicksal einer Farmerfamilie aus Oklahoma, die sich in der Zeit der großen Depression Anfang der dreißiger Jahre auf den Weg nach Kalifornien macht. Doch anstatt das erhoffte Paradies vorzufinden, erleiden sie Ausbeutung und Elend. »Früchte des Zorns« kann man also nicht essen, der Begriff bezeichnet heute alle Arten von Vergeltungsmaßnahmen: So benannte beispielsweise Israel die militärische Operation gegen Stellungen der Hisbollah im Libanon im Jahr 1996 mit dem biblischen Begriff »Früchte des Zorns«.

Ein Menetekel

»Das aber ist die Schrift, allda verzeichnet: Mene, mene, Tekel, U-pharsin.«

Daniel 5,25

Viel weiß man nicht über Belsazar, den babylonischen König, der um fünfhundertfünfzig vor Christus lebte. Vermutlich fiel er im Jahr 539 vor Christus in einer Schlacht gegen den Perserkönig Kyros II., der die Herrschaft der Chaldäer in Mesopotamien beendete und die Hauptstadt Babylon einnahm. Belsazar war ein Enkel Nebukadnezars und der Sohn des Nabonid. Weltberühmt wurde Belsazar dennoch, und zwar durch das Alte Testament. Seit Nebukadnezar Juda erobert und den Tempel in Jerusalem zerstört hatte, lebten die Juden in babylonischer Gefangenschaft. Im siebzigsten Jahr ihres Exils hatte Kronprinz Belsazar die Regierungsgeschäfte übernommen. Man befand sich im Krieg mit den Persern unter Kyros II., und obwohl die Feinde bereits vor den Toren der Stadt aufmarschiert waren, wollte der prunkliebende Herrscher der Babylonier lieber feiern. Er organisierte ein rauschendes Fest, wobei er und seine Gäste es besonders amüsant fanden, den Gott der Israeliten zu verhöhnen. Als besonderen Partygag ließ er seinen gesamten Hofstaat aus den im Tempel zu Jerusalem geraubten jüdischen Kultgefäßen auf die eigenen heidnischen Götter trinken. In diesem Moment erschien plötzlich eine geisterhafte Hand und zeichnete eine geheimnisvolle Inschrift an die Wand des Festsaales. Der König erschrak, denn obwohl er nicht verstand, was dort geschrieben stand, ahnte er, dass er diesmal zu weit gegangen war. Eilig wurden alle Weisen herbeigerufen, doch keiner konnte die Zeichen an der Wand lesen noch deuten. Schließlich ließ Belsazar den jüdischen Propheten Daniel holen, vielleicht konnte der ihm die Botschaft erklären. Daniel interpretierte das Orakel »Mene mene tekel u-pharsin« mit Hilfe ähnlich klingender aramäischer Verben, nämlich »gezählt, gewogen und für zu leicht befunden«. Seine Schlussfolgerung war, dass es sich bei der Geisterschrift um ein Gottesurteil über Belsazars Taten handelte. Und zwar hatte Gott die Tage des Königreichs gezählt und für zu leicht befunden. Belsazars Reich werde zerfallen und von den Persern übernommen. Erstaunlich ist, dass Daniel trotz dieser vernichtenden Vorhersage reich entlohnt wurde. Tatsächlich erfüllte sich die Prophezeiung, und noch in derselben Nacht wurde Belsazar getötet, und die Perser triumphierten im Kampf über das babylonische Heer.

Die Interpretation von Mene mene tekel u-pharsin des Propheten Daniel, also gewogen und für zu leicht befunden, ist in unsere Alltagssprache eingegangen. Gleichzeitig kennen wir auch das aramäische Original, das geheimnisvolle Wort Menetekel, das wir verwenden, um drohende Anzeichen einer bevorstehenden Katastrophe auszudrücken oder eine unheilverkündende Warnung auszusprechen.

Schwerter zu Pflugscharen

»Er wird unter großen Völkern richten und viele Heiden strafen in fernen Landen. Sie werden ihre Schwerter zu Pflugscharen und ihre Spieße zu Sicheln machen. Es wird kein Volk wider das andere ein Schwert aufheben und werden nicht mehr kriegen lernen.«

Micha 4,3

Das gegenseitige Töten im Nahostkonflikt scheint unaufhaltbar zu sein. Alle Versuche, das Morden zu beenden, sind bisher gescheitert. Doch Konflikte und der Versuch, Frieden zu schaffen, sind in dieser Gegend offenbar kein Phänomen der Neuzeit. Aus Moreschet, einem kleinen Ort im Zentrum der Krisenregion, ist die berühmteste Vision einer waffenfreien Zone überliefert. Der Prophet Micha hatte die Völker schon im achten Jahrhundert vor Christi Geburt zu einem friedlichen Zusammenleben aufgerufen. Er war ein hemdsärmeliger Redner vom Lande, der bei seiner Kritik gegen raffgierige Reiche, bestechliche Richter, betrügerische Kaufleute, unehrliche Priester und verdorbene Sitten kein Blatt vor den Mund nahm. Was der Prophet ankündigte, war Gottes Zorn mit verheerenden Folgen, aber das Chaos und Verderben solle nicht Gottes letztes Wort und die Zerstörung nicht endgültig sein. Außerdem predigte Micha, dass Frieden zwar nicht immer ohne Gewalt zu erreichen sei, dass am Ende aber ein allgemeiner Friedenszustand herrschen würde.

Obwohl angesichts täglicher Nachrichten über Gewalt und Terror der Traum von einer friedlichen Welt ziemlich unrealistisch scheint, ist die Vision eines friedlichen Miteinanders des Propheten Micha im kollektiven Gedächtnis hängen geblieben. Heute steht diese Vision in Eisen gegossen auf dem Gelände der UNO. Dargestellt ist ein Mann, der unter größter Kraftanstrengung ein Schwert in eine Pflugschar umschmiedet. Diese Plastik hatte 1957 die damalige Sowjetunion den Vereinten Nationen geschenkt.

Erstaunlich, dass ausgerechnet ein atheistisches Land die Völkergemeinschaft mit einem biblischen Motiv beschenkt. In der ehemaligen DDR jedoch erregte das biblische Symbol den Unwillen der Behörden. Wer es damals öffentlich zeigte oder trug, bekam Ärger mit der Stasi. Man befürchtete, dass in den Köpfen der Träger neue umstürzlerische Ideen geschmiedet werden könnten, was sich alsbald bestätigen sollte. Heute steht dieses Zeichen für die friedliche Wende im Osten Deutschlands. Der Aufruf des Propheten Micha wurde zum Slogan aller Kriegsgegner – »Schwerter zu Pflugscharen«.

Wer sich in Gefahr begibt, kommt darin um

> »Wer sich gern in Gefahr begibt, der verdirbt darin, und einem vermessenen Menschen geht's endlich über aus.«
> *Sirach 3,27–28*

No risk, no fun – so lautet ein beliebter Spruch der Spaßgesellschaft. Ob risikobereite Menschen mit ihrem Leben zufriedener sind und wirklich mehr Spaß haben, konnte allerdings bisher nicht nachgewiesen werden. Eine wissenschaftliche Studie ergab lediglich, dass große Menschen sich eher in Gefahr begeben als kleine, dass Frauen vorsichtiger sind als Männer und mit steigendem Alter die Risikobereitschaft deutlich nachlässt.

Auch die Bibel widmet sich dem Thema Risiko. Von Spaß ist allerdings nicht die Rede, sondern dort heißt es warnend, wer sich in Gefahr begibt – also das Risiko sucht –, der kommt darin um. Der Spruch steht im Buch Jesus Sirach, das in hebräischer Sprache von einem der »Chassidim«, einem frommen Juden namens Ben Sira, geschrieben wurde. Doch auch er hat es nicht selbst verfasst, sondern stellte es als Werk seines Großvaters vor, der um hundertneunzig vor Christus lebte.

Weil das hebräische Originalmanuskript verschwunden war, fehlt dieser Teil in den jüdischen Schriften, obwohl es in Stil, Gedanken und Inhalt der jüdischen Tradition sehr verpflichtet ist. Für die christlichen Bibeln wurde die Übersetzung auf der Grundlage der griechischen

Vorlagen erstellt. Inzwischen kann man aber auch auf hebräische Originaltexte zurückgreifen, da diese im Laufe der letzten hundert Jahre – unter anderem in Qumran – entdeckt wurden.

Neben altbekannten Etiketteregeln und den Grundsätzen der Sittenlehre gibt Sirach auch erstaunliche Ratschläge, wie beispielsweise eine Aufforderung zur Bulimie. Und zwar empfiehlt er denjenigen, die sich zum Genuss von zu viel Leckereien haben verführen lassen, aufzustehen und sich zu erbrechen! Zweifel über die Qualität dieser und noch weiterer pädagogischer Empfehlungen scheinen angebracht, aber einige der Weisheiten des jüdischen Lehrers Sirach sind durchaus sinnvoll und gelten auch heute noch unverändert. Wer sich in Gefahr begibt – und sie nicht erkennt –, kommt darin um, heißt es heute hämisch, wenn sich jemand in Selbstüberschätzung zum Narren gemacht hat.

Auf die Goldwaage legen

> »Du wägst dein Silber und Gold ein; warum wägst du nicht auch deine Worte auf der Goldwaage?«
>
> *Sirach 28,29*

Gold gehört zusammen mit Kupfer und Silber zu den Metallen, die den Menschen seit frühester Zeit bekannt waren. Die ältesten Schmuckstücke aus Gold werden auf 5000 vor Christus datiert. Seit dieser Zeit hat das Edelmetall die Menschen fasziniert. Anfangs wurde Gold, dem man in fast allen frühen Kulturen magische Kraft beimaß, nur kalt bearbeitet, und erst um das dritte Jahrtausend vor Christus gelang es ägyptischen Schmieden, das Edelmetall zu schmelzen und in Formen zu gießen.

Schon früh diente Gold nicht nur zur Herstellung edler Schmuckgegenstände und wertvoller Grabbeigaben, sondern es wurde auch als Zahlungsmittel verwendet. Zu diesem Zweck wurde ausgewählten Metallstücken entsprechend ihrem Gewicht ein ganz bestimmter Wert zugemessen. Gold, Silber und Kupfer wurden in Stangen oder Plättchen geformt und gewogen. Der Massensatz für das Abwiegen bestand entweder aus Steinen für schwere Lasten oder aber aus Getreidekörnern für geringe Gewichte. Um das kostbare Edelmetall Gold wiegen zu können, benötigte man natürlich eine sehr feine und sensible Waage, die auch für kleinste Mengen geeignet war. Auch zum Abwägen von Worten, die manchmal von ziemlichem Gewicht sein können, sollte man unbedingt eine solch feine Waage benutzen. »Seine Worte auf der Goldwaage wägen« wurde dementsprechend im Alten Testament gefordert.

Auch der Vater des berühmten Konsuls und Redners Marcus Tullius Cicero beschäftigte sich im Rahmen seiner Überlegungen zur Redekunst mit der Frage, ob es sinnvoll sei, Worte auf die Goldwaage zu legen. Er kam zu dem Schluss, dass der Wert der Worte nicht allzu wichtig war, wenn man die Aufmerksamkeit eines großen Publikums erlangen wollte. Der Römer empfahl dementsprechend, dass es durchaus angebracht war, in manchen Situationen spitzfindig oder robust zu argumentieren, und dementsprechend manche Behauptung auf einer gewöhnlichen, gröberen Waage geprüft werden sollte.

Und genau in diesem Sinn verstehen wir auch in unserer Alltagssprache die Redewendung. Man muss nicht jedes Wort gleich auf die Goldwaage legen. Das gesprochene Wort soll nicht kleinlich und kritisch auf seinen hundertprozentigen Wahrheitsgehalt festgelegt werden. Es ist eben vieles nur so dahingesagt. Worte sind heute scheinbar nicht mehr so viel wert wie zu alttestamentarischen Zeiten. Insofern hat sich die Bedeutung des ursprünglichen Satzes im Alten Testament nahezu umgekehrt.

Eine Feuertaufe bestehen

> »Ich taufe euch mit Wasser zur Buße; der aber nach mir kommt, ist stärker denn ich, dem ich nicht genugsam bin, seine Schuhe zu tragen; der wird euch mit dem Heiligen Geist und mit Feuer taufen.«
>
> *Matthäus 3,11*

Die christliche Taufe zählt zu den ältesten Sakramenten. Ähnlich wie das deutsche Wort »taufen« bedeutet auch das im Neuen Testament verwendete griechische Wort »baptizein« eigentlich »(unter)tauchen«. Der Ritus sollte die Menschen von der Sünde erlösen und für ein neues Leben in Christus bereitmachen. Noch heute soll mit der Benetzung des Täuflings mit dem Taufwasser dieser Zustand erreicht werden. Die Taufe geht auf Johannes zurück, dem sogar der Beiname »Täufer« gegeben wurde. Als prophetischer Bußprediger rief Johannes jeden Menschen dazu auf, angesichts des nahe bevorstehenden Gottesgerichts, seine Sünden zu bekennen und sich von ihm, durch das Untertauchen im Jordan, vor dem Zorn Gottes symbolisch »versiegeln« zu lassen. Analogien finden sich in jüdischen Reinigungsriten, von denen sich die Johannestaufe jedoch durch ihre Unwiederholbarkeit, ihren Bezug auf das nahe Gericht Gottes und die exklusive Bindung an die Person des Johannes unterschied. Auch Jesus hatte sich von Johannes taufen lassen. Der Wassertaufe des Johannes stand die »Geist- und Feuertaufe« durch Jesus gegenüber. Damit war natürlich keine Taufhandlung im eigentlichen Sinne gemeint, denn der Geist ist unsichtbar, und eine Taufe mit Feuer würde wohl einige Blessuren oder gar den Tod nach sich ziehen, wie im Lauf der Zeit viele der Märtyrer erfahren mussten.

Es wundert allerdings nicht, dass sich das Militär der Feuertaufe angenommen hat. Seit dem neunzehnten Jahrhundert, also mit Einführung der Feuerwaffen, bezeichnet Feuertaufe sehr beschönigend den ersten Kampf eines Soldaten in einem Gefecht. Inzwischen muss man zum Glück für eine Feuertaufe nicht mehr in den Krieg ziehen, es genügt schon, eine wie auch immer geforderte Bewährungsprobe zu bestehen.

Die Spreu vom Weizen trennen

>»Und er hat seine Wurfschaufel in der Hand: er wird seine Tenne fegen und den Weizen in seine Scheune sammeln; aber die Spreu wird er verbrennen mit ewigem Feuer.«
>
> *Matthäus 3,12*

Vor mehr als 8000 Jahren wurde nachweislich im Zweistromland und am Nil als erstes Getreide Gerste angebaut. Damit Korn als Nahrungsmittel verwendet werden konnte, mussten die Getreidekörner zunächst durch Dreschen aus den Ähren herausgelöst und abgesiebt werden. Danach galt es noch, das Körner-Spreu-Gemisch von der Spreu, also den Hülsen, Spelzen und Grannen, zu trennen. Dazu wurden die Getreidekörner auf einem Dreschplatz ausgeschüttet und mit einer sogenannten Worfschaufel, einer speziellen Holzschaufel, geworfelt, das heißt hochgeworfen. Während die schwereren Körner herunterfielen, fegte der Wind die Spreu weg. Eine andere Art des Worfelns war, die gedroschenen Ähren in eine Getreideschwinge zu schaufeln. Anschließend warf man auch bei dieser Methode den Inhalt möglichst hoch in die Luft, so dass auch hier die leichte Spreu vom Wind weggetragen werden konnte.

Diese kraftraubende Vorgehensweise, um die Spreu vom Weizen zu trennen, war noch bis in die Mitte des zwanzigsten Jahrhunderts auf dem Land üblich, danach wurden die einzelnen Schritte von den großen Dreschmaschinen in einem Arbeitsgang bewältigt, an dessen

Ende die gereinigten Weizenkörner in Säcke abgefüllt waren.

Den Ausdruck »die Spreu vom Weizen trennen« kennen wir nicht nur aus der Landwirtschaft. Es ist anzunehmen, dass Johannes der Täufer auch mit landwirtschaftlichen Vorgehensweisen, wie der Trennung von Weizen und Spreu, vertraut war. Als Sohn eines Priesters dürfte er selbst jedoch nie mit der Verarbeitung von Getreide zu tun gehabt haben. Dennoch benutzte er den jahrtausendealten Sortiervorgang, mit dem Getreidekörner von der Spreu getrennt wurden, um davor zu warnen, dass die Menschen von Gott selbst wie Weizenkörner mit der großen Worfschaufel in die Luft geworfen werden. Die Gottesfürchtigen würden dann herunterfallen und gerettet werden, die Sünder aber würden vom Wind verweht und für immer verdammt werden. Noch heute benutzen wir die Redewendung »die Spreu vom Weizen trennen« immer dann, wenn wir eine Auswahl treffen oder wenn Suchmaschinen den Informationsdschungel des Internets nach bestimmten Kriterien sortieren.

Das Salz der Erde

> »Ihr seid das Salz der Erde. Wo nun das Salz dumm wird, womit soll man's salzen? Es ist hinfort zu nichts nütze, denn das man es hinausschütte und lasse es die Leute zertreten.«
>
> *Matthäus 5,13*

Salz ist die Verbindung von zwei sehr unterschiedlichen Elementen: Natrium und Chlor, die sich immer in einer rechtwinkligen Kristallstruktur anordnen. Steinsalz ist das einzige Mineral, das bereits so, wie man es in der Natur findet, zum menschlichen Verzehr geeignet ist, und schon bald erkannten die Menschen seinen Nutzen: Wer Salz hatte, konnte seine Nahrung haltbar machen. Darüber hinaus machte der Handel mit Salz reich. Es war ein bewährtes Arzneimittel und eignete sich zum Desinfizieren. Schon früh war die Methode bekannt, Lebensmittel durch Einsalzen vor gefährlichen Keimen zu schützen. Neben der Nahrungsaufnahme benutzten es die Ägypter auch, um ihre Toten zu mumifizieren; sie legten den Leichnam vor dem Einbalsamieren einfach in eine Salzlösung.

Weil der Mensch Salz so dringend braucht, es andererseits aber kostbar und nicht jederzeit verfügbar war, handeln viele Mythen, Sprichwörter und volkskundliche Überlieferungen vom Salz. Salz stand für etwas Göttliches.

Auch im Alten Testament bedeutet Salz etwas Besonderes: Siebenmal wird der Begriff Salz erwähnt, alle Opfergaben sollen gesalzen werden, es werden Verwüstungen durch Salz prophezeit, und es wird auch mit Salz desinfiziert. Eine besondere Qualität hat schließlich der Salzbund, denn darunter verstand man die ganz intensive, für alle Zeiten gültige Bundeszusage Gottes an das Volk Israel. Dass sich schließlich auch Jesus auf diesen wichtigen Mineralstoff bezog, erstaunt daher nicht. Genauso wie eine kleine Prise Salz in einer faden Speise Wunder wirken kann, sollten zunächst seine Apostel das Salz sein, um das Bekehrungswunder bei den Menschen zu bewirken, die dann als Christen wiederum das Salz der Erde waren.

Denn das Salz, das kaum zu sehen ist und äußerlich harmlos in kleinen bescheidenen weißen Körnchen daherkommt, gilt als Sinnbild dafür, dass man als kleines Rädchen Großes bewegen kann. Ganz allgemein gilt die Redewendung »das Salz der Erde« als etwas Essenzielles, worauf die Menschheit nicht verzichten kann.

Sein Licht unter den Scheffel stellen

> »Man zündet auch nicht ein Licht an und setzt es unter einen Scheffel, sondern auf einen Leuchter; so leuchtet es denn allen, die im Hause sind.«
>
> *Matthäus 5,15*

Viele in der Heiligen Schrift genannten Maße und Gewichte sind heute unbekannt. Wer weiß schon, wie lang eine Elle ist oder welches Maß einem Scheffel entspricht. Demgegenüber ist das Verb »scheffeln« fast allen geläufig. Im heutigen Sprachgebrauch bedeutet es, etwas in seinen Besitz zu bringen, anzuhäufen. Es steht fest, dass das Verb scheffeln von Scheffel kommt, andererseits ist die genaue Herkunft des Wortes Scheffel unklar. Man vermutet, dass Scheffel eine Weiterbildung des Wortes »Schaff« sein könnte, was allgemein »Gefäß« bedeutete. In manchen Regionen wurde »Schaff« auch im Sinn von Regal oder Schrank benutzt.

Bis ins siebzehnte Jahrhundert war der Scheffel ein weitverbreitetes Hohlmaß unterschiedlicher Größe für Getreide. Es handelte sich dabei um ein hölzernes Gefäß mit einem Fassungsvermögen zwischen 5 und 250 Litern. Dass ein Maß unterschiedliche Volumen haben konnte, war in früheren Zeiten durchaus nichts Ungewöhnliches, so merkwürdig uns das in unseren durchnormierten Zeiten vorkommen mag. Gleichzeitig wurden spezielle Maße für einzelne Produkte und Materialien festgelegt, was zu einer unüberschaubaren Vielfalt regional abweichender Festlegungen führte. Eine überregionale Systematisierung von Hohlmaßen und Gewichten fand erst im neunzehnten und zum Teil auch erst im zwanzigsten Jahrhundert statt.

Obwohl man also weder genau sagen kann, woher der Begriff Scheffel kommt, noch weiß, wie groß ein Scheffel wirklich war, wissen ziemlich viele, dass man kein Licht darunter stellen sollte. Ein Licht unter einem Scheffel, das also von einem Gefäß bedeckt wäre, würde schnell keinen Sauerstoff mehr bekommen und nicht lange brennen. Deswegen meinen wir mit der bekannten Redensart »Man soll sein Licht nicht unter den Scheffel stellen«, dass man nicht auf Sparflamme brennen oder zu anspruchslos sein soll und seine Verdienste und Leistungen nicht aus Bescheidenheit verbergen soll.

Der ursprüngliche Aufruf, »sein Licht nicht unter den Scheffel zu stellen«, war allerdings nicht als Appell für mehr Selbstbewusstsein gedacht. In der Bergpredigt ermutigte Jesus seine Anhänger mit diesem Spruch, die Botschaft des Glaubens nicht für sich zu behalten, sondern das Wort Gottes in die ganze Welt zu tragen.

Paternoster

»Darum sollt ihr also beten: Unser Vater in dem Himmel!
Dein Name werde geheiligt.«

Matthäus 6,9

Ein Anhänger des Konfuzius soll etwa fünfhundert vor
Christus einem Bauern einen Mechanismus empfohlen haben, mit dem man leicht hundert Felder an einem Tag be-
wässern könne. »Fan che«, Kopfüber-Räder, nannte man
später im alten China dieses Wasserschöpfwerk. An einer zum Ring geschlossenen Kette wurden Töpfe befestigt, die in einer endlosen Bewegung Wasser aus dem
Brunnen schöpften und oben in eine Bewässerungsrinne
kippten.

Im Jahr 1516 wurde dieser Schöpfmechanismus in England eingeführt, um Schächte von Kohlegruben zu ent-
wässern. 1876 erweiterte der englische Ingenieur Turner
durch eine kleine Änderung den Einsatzbereich für den
vertikalen Rundumlauf, der nun das Leben vieler Ver-
waltungs- und Büroangestellter erleichterte. Unter dem
Namen Continuous Elevator fand er im Londoner »Ge-
neral Post Office« seinen ersten Einsatz. Während eines
Englandaufenthalts lernte der Hamburger Kaufmann Frei-
herr von Ohlendorf das technische Wunderwerk kennen
und ließ es 1885 als Erster in Deutschland in sein Ge-
schäftshaus einbauen.

Nach dem alten Wort »lipfen« für »heben« nannte man
die Einrichtung »Kehrlipf« oder »Lipfzelle«. Weder der

eine noch der andere Name konnte sich als Bezeichnung für die praktische Apparatur durchsetzen. Der Volksmund fand schnell eine viel treffendere Bezeichnung für das endlose Rundum. Der stets wiederkehrende monotone Umlauf erinnerte an den katholischen Rosenkranz, die Perlenkette für Gebete. Beim Rosenkranz folgt auf zehn kleinere Perlen für das Ave-Maria eine davon abgesetzte für das Vaterunser. Auf Lateinisch heißt das Vaterunser Oratio Dominica oder auch Pater noster, weswegen man zum Rosenkranz früher auch Paternosterschnur sagte.

Das alte Wasserschöpfwerk aus China war zu einem mechanischen Treppenersatz weiterentwickelt worden, und in Anlehnung an das immer wiederkehrende Vaterunser nannte man diese praktische Vorrichtung ebenfalls Paternoster. Der respektlose Begriff bürgerte sich schnell ein und wurde auch in Patentschriften verwendet. Wie die Gebete an der Perlenkette immer endlos weiter gebetet werden können, wurden auch mit der neuartigen Technik in einem endlosen Rundumlauf Millionen Menschen nach oben oder auch nach unten befördert. In den siebziger Jahren des letzten Jahrhunderts fiel das zeitsparende Beförderungsmittel bei den Sicherheitstechnikern in Ungnade, weil es angeblich unfallträchtiger war als geschlossene Aufzüge. Doch aufgrund einer Ausnahmegenehmigung gibt es in Deutschland noch einige wenige Paternoster.

Der schnöde Mammon

»Niemand kann zwei Herren dienen: entweder er wird den einen hassen und den andern lieben, oder er wird dem einen anhangen und den andern verachten. Ihr könnt nicht Gott dienen und dem Mammon.«

Matthäus 6,24

Als Idealbild eines sehr wohlhabenden Mannes gilt die Figur des Jedermann im gleichnamigen Theaterstück von Hugo von Hofmannsthal. Dieses Mysterienspiel beschreibt die Geschichte vom Sterben eines Reichen. Wie alle Menschen wollte Jedermann nicht sterben, zumindest nicht alleine, deshalb suchte er einen Freund, der mit ihm vor das Gericht Gottes treten sollte. Als sich alle seine Freunde weigerten, ihn zu begleiten, wollte er wenigstens sein Geld in die Ewigkeit mitnehmen. Aber aus seiner Geldtruhe kam Mammon, der sich seinerseits ebenfalls weigerte, mit ihm zu gehen. Mammon gilt als der personifizierte Reichtum, ein Dämon, der den Menschen zum Geiz verführen will.

Im alttestamentarischen Buch Jesus Sirach taucht der Ausdruck »Mammon« zum ersten Mal auf, als dort von Vermögen und Besitz die Rede ist. Der aramäische Wortstamm »mamona« bezeichnet ursprünglich etwas Ehrenwertes, nämlich so viel wie »das, worauf man baut«. Später wurde diese Bezeichnung mit den Worten »der sich aus Habgier versündigt« eingedeutscht. Andere Übersetzungen wählten für Mammon die Umschreibung »der dem Golde nachläuft«. Der Beigeschmack vom unredlichen Gewinn, der heute dem Mammon anhängt, ist wahrscheinlich auf diese einseitigen Übersetzungen zurückzuführen. In die griechische Ausgabe der Bibel wurde das Wort, ohne es zu übersetzen, übernommen, und auch in der lateinischen Ausgabe der Heiligen Schrift, der Vulgata, beließ man es bei der Bezeichnung »mamona«. Auch Martin Luther übersetzte das Wort nicht, so gelangte es als Mammon ab dem sechzehnten Jahrhundert ins Deutsche. Im Neuen Testament wird das Wort immer abwertend erwähnt, entweder soll man nicht dem Mammon dienen, oder es ist vom ungerechten Mammon die Rede. Ob es demnach auch einen gerechten Mammon gibt, wird in der Bibel aber nicht erwähnt.

Der negative Bedeutungsinhalt wird beim Mammon durch das vorangestellte Wort »schnöde« in seiner abschätzigen Form noch verstärkt. Mit dieser Redewendung will man ausdrücken, dass es nicht gut ist, dem Geld blind nachzujagen; auf keinen Fall dem schnöden Mammon, denn der gilt als unmoralisch, ungerecht und schlecht.

Perlen vor die Säue werfen

> »Ihr sollt das Heiligtum nicht den Hunden geben, und eure Perlen nicht vor die Säue werfen, auf dass sie dieselben nicht zertreten mit ihren Füßen und sich wenden und euch zerreißen.«
>
> *Matthäus 7,6*

Es wird wohl kaum jemals vorgekommen sein, dass ein Bauer sein Borstenvieh mit echten Perlen zu mästen versucht hat. Sie können deren Hunger keineswegs stillen, schaden würden sie ihnen allerdings auch nicht, denn so ein Schweinemagen verdaut so ziemlich alles. In seiner ursprünglichen Bedeutung weist der Ausspruch aber dennoch auf mögliche Gefahren hin. »Neque mittatis margaritas vestras ante porcos«, so lautet die Aufforderung Jesu aus der Bergpredigt in der Vulgata, der lateinischen Version der Heiligen Schrift. Auf Deutsch übersetzt lautet der Aufruf: »Ihr sollt eure Perlen nicht vor die Säue werfen.«

Da die verwendeten Begriffe ihren tieferen Sinn nicht unbedingt auf den ersten Blick offenbaren, rätselten die meisten Gläubigen über dieses Zitat. Eine erstaunliche Deutung dieser Bibelstelle lautete, dass die heiligen Evangelien nicht den Heiden verkündet werden sollten, weil es den Ungläubigen an Verständnis dafür mangle und sie die Existenz Gottes wegen dieser Unkenntnis sowieso leugnen würden. Dabei musste das Schwein als Sinnbild des Niederen und Unwürdigen deshalb herhalten, weil dieses Tier im jüdischen Glauben – und dementsprechend auch für Jesus – als unrein galt und weithin als Symbol des Heidnischen üblich war. Perlen wurden in der orientalischen Mythologie als Tränen der Götter angesehen, die sich in der Tiefe des Meeres zu Perlen verwandelt hatten. In der jüdischen Tradition galten sie als Symbol der Reinheit, Schönheit und des Reichtums.

Wenn man also von jemandem sagte, er würde seine Perlen vor die Säue werfen, konnte das nur im übertragenen Sinn gemeint sein: Es war ein Hinweis darauf, dass etwas viel zu schade war, um vergeudet zu werden. Meist ging es um etwas, das dem einen sehr wichtig und wertvoll war, von einem anderen jedoch wenig oder gar nicht geschätzt wurde. Oder es konnte auch eine völlig untaugliche Aktion sein – wie eben Perlen, die man den Säuen zum Fraß anbot.

Daraus wurde eine noch heute gebräuchliche Redewendung, die gutgläubige oder auch unbesonnene Menschen davor warnen will, jemandem Geschenke zu machen, deren Wert dieser gar nicht zu schätzen weiß. Somit steckt dahinter die nicht unlogische Empfehlung: Verschenkt nicht das, was euch gefällt, sondern lieber etwas, von dem ihr wisst, dass es dem anderen Freude macht.

Wer suchet, der findet

> »Bittet, so wird euch gegeben; suchet, so werdet ihr finden; klopfet an, so wird euch aufgetan.«
>
> *Matthäus 7,7*

Beim Begriff »suchen« denken viele Menschen heute an die Suchmaschinen des World Wide Web. Millionen Mal pro Tag werden Suchmaschinen angeklickt, um im Wissensuniversum nach Informationen zu forschen. Die schnellen Computer vermitteln Adressen zu gesuchten Begriffen, Namen oder Stichwörtern. Die Funktion von Suchmaschinen gleicht derjenigen von Datenbanken, nur bearbeiten Suchmaschinen die ganze Informationsflut des Internets oder mindestens eine sehr umfassende Auswahl davon. Allerdings gilt, dass auch bei genauen Vorstellungen von dem, wonach man sucht, und präzisem Eingeben des Suchbegriffs selbst die beste Suchmaschine nicht immer die gewünschte Information finden kann. Wer beispielsweise wissen möchte, woher die Redewendung »Wer suchet, der findet« kommt, wird von den ersten Treffern der Ergebnislisten erst einmal enttäuscht. Zwar ist die Trefferquote sehr hoch, doch die ersten Angaben haben nichts mit Bibel, Kirche oder Religion zu tun. Gesucht werden Männer und Frauen fürs Leben, oder aber ein Zuhause für Tiere. Es gibt auch Stellengesuche oder die Suche nach Ideen – ob tatsächlich alles wirklich gefunden werden kann, ist nicht sicher. Noch ungewisser ist die Situation, wenn man etwas verloren hat, denn hier gilt »Wer suchet, der findet« leider nicht immer!

Wenn im Matthäusevangelium die erfolgreiche Suche angekündigt wird, dann handelt es sich nicht um irgendwelche Suchaktionen nach Personen, Gegenständen oder Ideen, sondern es geht um die richtige Einstellung im Gebet. Wer sich an die richtige Stelle, also an Gott, wendet, kann sich darauf verlassen, dass seine Bitte erhört wird. Die Aufforderung an die Menschen, den Sinn und die Erfüllung ihres Lebens zu suchen und zu finden, ist heute zum profanen pädagogischen Appell geschrumpft, sich bei der Suche ordentlich anzustrengen, denn dann wird man schon etwas finden.

Der Wolf im Schafspelz

»Seht euch vor vor den falschen Propheten, die in Schafskleidern zu euch kommen, inwendig aber sind sie reißende Wölfe.«

Matthäus 7,15

Kaum ein anderes Tier berührt die Menschen so stark wie der Wolf. Er ist eines der anpassungsfähigsten aller Säugetiere. Es gibt kaum einen Lebensraum, der von ihm nicht besiedelt wurde. Wölfe sind ausgesprochene Familientiere. Ein Wolfsrudel besteht im Allgemeinen aus einem Elternpaar und dessen Jungen in verschiedenen Altersstufen. Wenn sie geschlechtsreif sind, verlassen die Nachkommen das elterliche Rudel, doch es können durchaus über dreißig Tiere dazugehören. Zwischen den Rudelmitgliedern bestehen ausgeprägte Rangbeziehungen. Die Verständigung erfolgt über eine Vielzahl von Körperhaltungen, Gesichtausdrücken und Lauten.

Seit Jahrhunderten teilen sich Mensch und Wolf einen gemeinsamen Lebensraum, und immer schon galt der Wolf als Sinnbild des Bösen. Nicht ganz unverständlich, wenn wir glauben, was Rotkäppchen mit dem Wolf erlebt hat. In diesem Märchen zeigt sich auch die Vorliebe des Wolfs, sich zu verkleiden: Nachdem er die Großmutter gefressen hatte, hat er ihr Nachthemd und ihre Nachthaube angezogen, um Rotkäppchen zu täuschen und sie ebenfalls zu verspeisen. Die Geschichte ging für den Wolf nicht gut aus, denn er landete mit dem Bauch voller Steine im Brunnen. Dennoch scheint ihm die Lust an der Verkleidung bis heute nicht vergangen zu sein. Denn hartnäckig hält sich die Behauptung, dass der Wolf Schafe zum Fressen gerne hat. Um seinen Appetit zu stillen, hängt er sich angeblich hin und wieder ein kleines Schaffellmäntelchen um, so dass er sich unerkannt in der Herde einen Leckerbissen aussuchen kann.

Genau vor dieser besonders infamen Kostümierung des Wolfs warnt eine Wendung bereits im Neuen Testament. Dort ist allerdings nicht die Rede von richtigen Wölfen, es wird vielmehr vor falschen Predigern gewarnt, die sich in die Gemeinschaft der Gläubigen einschleichen, um sie vom wahren Glauben abzubringen. Diese falschen Prediger gab es zu allen Zeiten, und es gibt sie auch heute noch. Auf den ersten Blick schätzen wir sie als friedliche, freundliche Menschen, doch in Wahrheit entpuppen sie sich als Personen mit bösen, zerstörerischen Hintergedanken. In Anlehnung an die biblische Warnung bezeichnen wir solche Menschen als »Wolf im Schafspelz«.

Auf Sand bauen

»Und wer diese meine Rede hört und tut sie nicht, der ist einem törichten Manne gleich, der sein Haus auf den Sand baute.«

Matthäus 7,26

Sand ist vordergründig betrachtet kein besonderes Material. Kaum jemand beachtet ihn so genau, um die unterschiedlichen Farben und Formen der einzelnen Sandkörner zu erkennen. Als einzelnes Körnchen völlig unscheinbar, werden Sandkörner in der Masse zu einem Element mit bemerkenswerten Fähigkeiten. Manchmal trocken und heiß, ein anderes Mal kühl und nass, einerseits weich und formbar, andererseits hart und beständig – im Sand vereinen sich anscheinend gegensätzliche Eigenschaften. Obschon ein Produkt des Verfalls, gehört Sand für die Glasherstellung auch als Grundstoff zum kreativen Gestalten und stellt damit gleichzeitig das Fundament dar, auf dem viele Errungenschaften der modernen Industriegesellschaft basieren.

Um Fundamente zu bauen, ist Sand unerlässlich, wer aber sein Fundament in den Sand setzt, kann bei Matthäus nachlesen, was Jesus seinen Schülern zu diesem Thema zu sagen hatte. Es ist die Geschichte zweier Bauherren. Der eine baute sein Haus auf einen Felsen, der andere auf Sand. Das Ende ist vorhersehbar: Beim nächsten Unwetter spülte der Regen den Sand weg, das auf Sand gebaute Haus kam ins Rutschen und stürzte ein.

Dieses Gleichnis von Jesus spielt auf die Festigkeit des Glaubens an. Für den unerschütterlichen Glauben steht das Fundament aus Fels – auf dem das Haus den Unwettern trotzt, für den wankenden oder sogar schwindenden Glauben steht das Fundament aus Sand – das unruhigen Zeiten nicht standhält.

Auch wenn wir diese Redensart heute nicht mehr mit dem Glauben an Gott in Verbindung bringen, gilt doch noch immer, dass man bei allen Entscheidungen daran denken sollte, dass es sich nicht lohnt, in eine aussichtslose Sache zu investieren oder, wie wir sagen, auf Sand zu bauen, denn das Scheitern ist schon vorprogrammiert.

Neuer Wein in alten Schläuchen

»Man fasst auch nicht Most in alte Schläuche; sonst zerrei-
ßen die Schläuche und der Most wird verschüttet, und die
Schläuche kommen um. Sondern man fasst Most in neue
Schläuche, so werden sie beide miteinander erhalten.«

Matthäus 9,17

Im Alten Testament wird sehr oft vom Fasten Einzelner
oder des ganzen Volkes gesprochen. »Fasten« heißt wörtlich »einschnüren«, und gemeint ist damit das Bäuchlein.
Es wurde teilweise oder völlig auf jegliche Nahrungsaufnahme verzichtet, manchmal auch eine kurze Zeit auf das
Trinken. Der Sinn des Fastens bestand vor allem darin,
vor Gott zu treten, zu büßen und ihn zu verehren. Dabei
sollte man an nichts anderes denken. Die Juden pflegten
dabei ihre innere Haltung auch äußerlich zu zeigen: Sie
trugen Sackleinen und streuten sich Asche auf den Kopf.
Wie die Menschen so sind, irgendwann vergaßen sie das
eigentliche Opfer der Enthaltsamkeit, stellten nur noch
die äußeren Zeichen zur Schau und verzichteten auf die
innere Einkehr.

Jesus kritisierte die scheinheilige jüdische Fastensitte
und forderte seine Anhänger auf, die Regeln der jüdischen Tradition nicht zu befolgen. Warum sich seine
Jünger nicht an die Fastengebote halten mussten, erklärte er mit dem Bild von der Verwendung eines alten
Weinschlauchs für jungen Wein, wobei Jesus in diesem
Gleichnis die Rolle des Weines einnimmt und die al-

ten Schläuche für die althergebrachten Traditionen stehen. Während des komplizierten chemischen Prozesses des Gärens entweicht hauptsächlich Kohlenstoffdioxid. Deshalb braucht der Wein Gefäße, die die entstehenden Gase halten können, ohne gleich zu platzen. Die Nomadenvölker konnten keine schweren Weinfässer mit sich herumtragen. Also nahm man sehr dicht genähte Tierfelle, die wegen ihrer Form Schlauch genannt wurden. Waren die Schläuche neu und fest, konnten sie dementsprechend dem Druck widerstehen, während der Wein gärte und prickelte. Hielt man sich allerdings nicht an die bewährte Praxis und benutzte gebrauchte, alte Schläuche, wurden die Nähte durch die Gärung erneut beansprucht und konnten in der Regel dem Druck nicht standhalten.

Dieses Beispiel sollte verdeutlichen, dass neue Ideen neue Strukturen brauchen. Doch auch die Gegenform des Satzes, also »alter Wein in neuen Schläuchen«, ist in der Heiligen Schrift zu finden. Wir kritisieren mit dieser Redewendung den Versuch, einen bekannten Inhalt neu zu verpacken, um zu vertuschen, dass letztlich nichts Neues geboten wird.

Eher geht ein Kamel durch ein Nadelöhr

»Und weiter sage ich euch: Es ist leichter, dass ein Kamel durch ein Nadelöhr gehe, denn dass ein Reicher ins Reich Gottes komme.«

Matthäus 19,24

Unter dem Frack pflegte der feine Herr das Hemd mit Stehkragen zu tragen. Ähnlich dem Kollar katholischer Geistlicher wand sich der Rundkragen eng und messerscharf um den Hals, wobei durch die umgebogenen Spitzen eine vordere Aussparung für den hüpfenden Adamsapfel geschaffen wurde. Diese Kragenspitzen, die wie eine Rampe hervorragten, waren beim Essen eher hinderlich. Mehr als einmal verhakte sich der Suppenlöffel an den Kragenspitzen.

Diese Ungeschicklichkeit kam in Frankreich – möglicherweise wegen zu üppigen Champagnergenusses – offenbar besonders häufig vor, was sich im französischen Namen für diesen Kragen niederschlug: Man nannte ihn »parasites«, auf Deutsch: »Mitesser«.

Ein Herrenausstatter in Deutschland erhielt von einem Couturier aus Paris eine Kiste solcher Kragen mit dem Hinweis: »Ces cols s'appelent parasites.« Der Empfänger des Französischen nicht mächtig, übersetzte mit Hilfe seines Wörterbuchs Wort für Wort: ces – diese, cols – Kragen, appelent – heißen, parasite – ... doch hier verrutschte er um eine Zeile. Anstatt »parasite« – Mitesser, zeigte sein Finger auf »parricide«! Wegen dieses Ausrutschers heißen die Stehkragen mit den abgeknickten Ecken bei uns »Vatermörder«.

Ein ähnlicher Fehler unterlief den Übersetzern des Neuen Testaments. Im aramäischen Urtext ist von »gamta«, einem Tau oder Seil, die Rede. Dieses Wort verwechselte vor mehr als tausend Jahren ein Übersetzer mit dem Wort »gamla«, der Bezeichnung für »Kamel«. Nachdem das Kamel erst einmal in der Heiligen Schrift angekommen war, wurde es bei allen nachfolgenden Ausgaben ungeprüft übernommen. Der Vergleich, dass eher ein Kamel durch ein Nadelöhr geht, müsste also richtig heißen: Eher geht ein Schiffstau durch ein Nadelöhr, als dass der Reiche in den Himmel kommt. Einige Schriftdeuter entdeckten in dem Satz noch eine zweite Falle. Denn auch hinsichtlich des Nadelöhrs gab es die Variante, dass es sich dabei nicht um die Öffnung einer Nadel handeln könne, sondern um ein damals bekanntes kleines Tor in der Stadtmauer von Jerusalem, das im Volksmund Nadelöhr genannt wurde.

Welche Version die richtige ist, bleibt zu klären, doch das Kamel, das durchs Nadelöhr geht, wird weiterhin als Redewendung erhalten bleiben, vielleicht weil es eine so skurrile Vorstellung ist. Letztlich ist es gleichgültig, ob es sich um ein Kamel, Seil, Nadelöhr oder ein Stadttor handelt. Jede der Beziehungen soll ausdrücken, dass es Dinge gibt, die unmöglich geleistet werden können. Und genau das meinen wir, wenn wir einen Auftrag mit dem Satz verweigern: »Eher geht ein Kamel durch ein Nadelöhr.«

Die Letzten werden die Ersten sein

> »Aber viele, die da sind die Ersten, werden die Letzten, und die Letzten werden die Ersten sein.«
>
> *Matthäus 19,30*

Jeder kennt ihn: den Letzten in der Rangordnung. Sei es das rangniedrigste »Omega-Huhn« in der Schulklasse, das an allem schuld ist und auf dem alle rumhacken, oder der Jüngste unter Geschwistern, der die Dinge erledigen muss, um die sich die Älteren drücken. Die Gesellschaft kennt eine weite Palette von Personengruppen, die sie als »Letzte« bezeichnet. Wer einmal solch einen Stempel aufgedrückt bekommt, hat kaum noch eine Chance auf einen der vorderen Plätze. Doch in der Evolutionsbiologie zeigen neuere Forschungen, dass dies nicht immer so sein muss, insbesondere, wenn man symbiotische Beziehungen zwischen verschiedenen Spezies betrachtet. Zwar findet auch hier ein ständiger Wettlauf statt, doch zahlt es sich durchaus aus, in den Beziehungen langsamer zu sein, in denen die eine Art auf die andere angewiesen ist. Eine Hoffnung für alle, die sich auf den letzten Plätzen befinden.

Dieses Ergebnis deckt sich in etwa mit der Ankündigung im Neuen Testament, dass die Letzten in einem zukünftigen Reich die Ersten sein werden. »So werden die Letzten die Ersten und die Ersten die Letzten sein«, heißt es im Gleichnis von den Arbeitern im Weinberg. Jesus erzählt von einem Gutsbesitzer, der alle paar Stunden losgeht, um Tagelöhner für seinen Weinberg einzustellen. Doch am Ende des Tages bekommen alle den gleichen Lohn – die, die seit dem frühen Morgen geschuftet haben, und die, die erst spät am Tag begonnen haben.

In dieser Geschichte scheinen alle Prinzipien der Gerechtigkeit auf den Kopf gestellt. Es scheint, dass jeder rechtschaffene Mensch, der sich ein Leben lang bemüht hat, am Ende im Vergleich zu denjenigen, die jeder Arbeit erfolgreich aus dem Weg gegangen waren, benachteiligt wird. Es geht in diesem Gleichnis aber nicht um gerechten Lohn, sondern um einen visionären Ort, an dem es keine Belohnungen, Rangunterschiede und Ungerechtigkeiten geben wird. Heute, in unserer schnelllebigen Gesellschaft, tröstet der Satz »Die Letzten werden die Ersten sein« diejenigen, die nicht immer up to date sind. Der Spruch gilt aber auch ganz allgemein und für alle Menschen in der Bedeutung, dass nicht der Erste unbedingt der Beste ist, sondern derjenige, der alles richtig macht. Gleichzeitig appellieren wir mit der Umkehrung »Die Ersten werden die Letzten sein« an das Gewissen der Privilegierten, ihre bevorzugte Stellung nicht zu missbrauchen.

Aus seinem Herzen keine Mördergrube machen

»Und Jesus ging zum Tempel Gottes hinein und trieb heraus alle Verkäufer und Käufer im Tempel und stieß um der Wechsler Tische und die Stühle der Taubenkrämer und sprach zu ihnen: Es steht geschrieben: ›Mein Haus soll ein Bethaus heißen‹; ihr aber habt eine Mördergrube daraus gemacht.«

Matthäus 21,12–13

Das alte Wort »Mördergrube« bezeichnet ein Versteck für Mörder und Räuber. Besonders im sechzehnten Jahrhundert machten Räuberbanden die ländlichen Regionen in Deutschland unsicher. Sie agierten vorzugsweise in den territorial zersplitterten Gebieten Südwestdeutschlands, wo sie nach einem Überfall rasch in ein benachbartes Hoheitsgebiet wechseln konnten und eine effektive Strafverfolgung nahezu unmöglich war. Die Banden jener Zeit waren locker organisiert und fanden sich nur für größere Aktionen zusammen. Unmittelbar nach der Tat zogen sie sich in verschiedene Schlupfwinkel zurück.

An der Wende vom achtzehnten zum neunzehnten Jahrhundert setzte eine romantisierende Verklärung von Räuberbanden ein. Das Drama *Die Räuber* von Friedrich Schiller prägte entscheidend diese Sichtweise. Der Räuber erschien nun als »edle« Person, die als Rächer für die von der Gesellschaft ungerecht Behandelten auftrat sowie soziale und politische Missstände anprangerte. So rankten sich schon zu Lebzeiten viele Legenden um den deutschen Räuberhauptmann Schinderhannes oder auch um Robin Hood, einen Geächteten, der von den Reichen stahl und den Armen gab. Die brutalen Verbrechen traten in den Hintergrund und wurden bagatellisiert. Demgegenüber stellte die religiöse Erbauungsliteratur der vorangegangenen Jahrhunderte die Räuber als Ausgeburt des Teufels dar, wobei das Ausmaß sowie die Gefährlichkeit der Bandenkriminalität hier bewusst überzeichnet wurden.

Ganz in diesem Sinne verstand Martin Luther die zornige Reaktion von Jesus über den Sittenverfall im Tempel und kreierte das Wort »Mördergrube«, um so den Missbrauch des Tempels als einen Zufluchtsort für Verbrecher anschaulich zu beschreiben. In späteren Bibelausgaben hieß es anstelle »Mördergrube« dann »Räuberhöhle«, in neueren Übersetzungen wurde der Schlupfwinkel für Verbrecher ganz gestrichen und der Tempelmissbrauch mit dem Wort »Kaufhaus« bildlich dargestellt. »Macht meines Vaters Haus nicht zum Kaufhaus« klingt zwar moderner als »Macht keine Mördergrube daraus«, wirkt aber bei weitem nicht so anschaulich und drastisch.

Sprichwörter werden erfahrungsgemäß nicht modernisiert und keinem Zeitgeist angepasst, deshalb wird der Begriff der Mördergrube sprachlich überleben. Er wanderte im Lauf der Jahrhunderte aus dem alttestamentarischen Tempel in die menschlichen Herzen und führte zur bekannten Redensart »aus seinem Herzen keine Mördergrube machen«. Diese Wendung fordert auf, Gefühle zu zeigen und zu sagen, was einen bedrückt. Es lohnt sich demnach auch nicht, seine ehrliche Meinung zu verschweigen.

Mit seinen Pfunden wuchern

> »Gleichwie ein Mensch, der über Land zog, rief seine Knechte und tat ihnen seine Güter aus; und einem gab er fünf Zentner, dem andern zwei, dem dritten einen, einem jedem nach seinem Vermögen, und zog bald hinweg.«
>
> *Matthäus 25,14*

> »Dieser forderte zehn seiner Knechte und gab ihnen zehn Pfund und sprach zu ihnen: Handelt, bis dass ich wiederkomme!«
>
> *Lukas 19,13*

Britain's Got Talent (Großbritannien hat Talente) heißt eine britische TV-Show, in der angehende Künstler auftreten. Der Sieger wird mit etlichen tausend englischen Pfund belohnt. Noch heute kann man in England deutlich erkennen, wie nah sich Talent und Pfund sind. Tatsächlich gehören sie ursprünglich im wörtlichen Sinn als Bezeichnung für Gewichts- und Münzeinheiten unmittelbar zusammen.

Das Talent war ursprünglich eine babylonische Maßeinheit des Gewichts, viel später wurde es wie andere antike Gewichtseinheiten zu einer Bezeichnung für Geld. Um die gewinnbringende Anlage dieser Talente geht es im Neuen Testament in der Geschichte über einen reichen Mann. Bevor dieser auf Reisen ging, erhielten seine drei Knechte jeweils fünf, zwei sowie ein Talent zur Verwaltung anvertraut. Der Auftrag, den die Knechte erhielten, lautete, dass jeder mit seinen Talenten wuchern sollte, was bedeutete, dass jeder das ihm in Obhut gegebene Gut gewinnbringend einsetzen sollte. Je nach Temperament wirtschaftete jeder der Knechte mit seinen Talenten unterschiedlich. Zwei vermehrten das zu verwaltende Gut, der dritte machte nichts daraus. Aufgrund dieser Geschichte hat das Wort »Talent« bis heute in allen europäischen Sprachen auch die Bedeutung von Begabung.

Noch zu Luthers Zeiten war Talent dagegen ausschließlich als Gewichtsbezeichnung bekannt. So findet sich bei Martin Luthers Übersetzung dieser Geschichte aus dem Matthäusevangelium das Wort »Zentner« anstatt »Talent«. Die Knechte erhielten also Zentner eines Stoffes, nämlich Getreide. Irgendwann später fanden Sprachforscher heraus, dass das griechische Wort »Talent« zu neutestamentarischer Zeit nicht »Gewicht« bedeutete, sondern eine Münze von hohem Wert bezeichnete. Jetzt wurde deutlich: Der reiche Mann hatte seinen Knechten nicht Zentner von Korn, sondern bares Geld zur Verwaltung und Vermehrung anvertraut.

Auch im Lukasevangelium wird das Gleichnis von den drei Knechten erzählt. In diesem Fall übersetzte Luther die Talente nicht mit Zentnern, sondern mit Pfunden. Auch diese Pfunde können in unserer Alltagssprache im Sinn von Begabung verwendet werden. Wenn also heute jemand mit seinen Pfunden wuchert, so hat das nichts mit Gewichtsproblemen zu tun, sondern mit der Aufforderung, seine natürlichen Begabungen nicht verkümmern zu lassen, sondern sie erfolgreich einzusetzen.

Hokuspokus

>»Da sie aber aßen, nahm Jesus das Brot, dankte und brach's
>und gab's den Jüngern und sprach: Nehmet, esset; das ist
>mein Leib.«
>
>*Matthäus 26,26*

Johannes Tetzel hatte den Stein ins Rollen gebracht.
»Kommt her! Wenn ihr mich ordentlich bezahlt, werden
eure Sünden vergeben«, hatte der Ablassprediger 1517
gerufen. Den Ablass bot der Mönch für begangene und
zukünftige Sünden an, Sündenerlass konnte auch für bereits Verstorbene gekauft werden. Ein solcher Ablasshandel verhöhnte die Vorstellung des Augustinermönchs
Martin Luther von einem sündigen Menschen, der sich
seiner Meinung nach ein Leben lang Gott in Demut un-
terwerfen musste. Doch seine öffentliche Kritik führte
nicht zum erhofften Gespräch, sondern zu Ketzerprozess
und Verbannung. Am Ende hatte die Welt zwei Konfes-
sionen: die katholische, mit Pracht, Pomp und Papst, und
die nüchternen Protestanten.

Zwar hielt Luther an der wirklichen Anwesenheit
Christi beim Abendmahl fest, doch der Glaube an eine
tatsächliche Wandlung von Brot und Wein in Leib und
Blut Jesu verschwand allmählich. Diesen übernatürli-
chen, also unsichtbaren Vorgang in der katholischen Mes-
se betrachteten die Protestanten mit großem Argwohn:
Unter Weihrauchschwaden und Glöckchengeklingel
sollte die tatsächliche Wandlung von Wein und Hostie

geschehen, während der Priester die Konsekrationsformel »Hoc est corpus meum« murmelte?

Luther hatte nicht nur dem Ablasshandel ein Ende bereitet, sondern auch mit seiner Bibelübersetzung die lateinische Liturgie durch die deutsche Sprache ersetzt. Den Protestanten war bisher nicht nur die katholische Zeremonie unbegreiflich gewesen, sie wussten auch nicht, was die lateinischen Formeln bedeuten sollten. Es kam ihnen folglich alles wie fauler Zauber vor, was sie mit einem Wort zum Ausdruck brachten, das im Jahre 1632 erstmals auftauchte.

Einige Sprachforscher tüfteln immer noch an der Herkunft des Wortes herum, unter anderem gab es einen Taschenspieler dieses Namens am Hofe Jakobs I. Es scheint jedoch ziemlich sicher zu sein, dass aus der spöttischen Entstellung der lateinischen Wandlungsformel »Hoc est corpus meum«, auf Deutsch »Dies ist mein Leib«, im Laufe der Jahre einerseits die Bezeichnung für etwas wenig Glaubhaftes wurde, andererseits ein Zauberspruch entstand, denn aus »Hoc est corpus meum« wurde »Hokuspokus«.

Ölgötzen

»Und da sie den Lobgesang gesprochen hatten, gingen sie hinaus an den Ölberg.«

Matthäus 26,30

Öl wurde von vorgeschichtlichen Epochen über die Zeitenwende bis in unsere Tage bei heiligen Handlungen verwendet. Es ist also durchaus wahrscheinlich, dass auch alte, kultisch verehrte Götzen mit Öl in Verbindung kamen und so zu den sprichwörtlichen Ölgötzen wurden. Doch angeblich ist das Wort mit den zwei »ö« aus dem Evangelium nach Matthäus über Jesus in Gethsemane abgeleitet worden. Allerdings ist im Neuen Testament nicht wirklich von Ölgötzen die Rede, auch nicht von Ölberggötzen. Zwar hatten die Jünger Jesu auf dem Ölberg das Schicksal ihres Herrn teilnahmslos hingenommen und geschlafen, anstatt zu beten, aber mehr wird nicht berichtet. Dennoch begründete diese Überlieferung jahrhundertelang, warum bei kirchlichen Prozessionen die Apostel symbolisch als in Öl getränkte hölzerne Pfosten durch die Straßen getragen wurden.

Vielleicht hat sich Martin Luther besonders über diese öligen Holzstangen geärgert, vielleicht waren es auch die Holzbilder in den katholischen Kirchen, die seinen Zorn erregt hatten. Fest steht, dass der Begriff »Ölgötze« im sechzehnten Jahrhundert zum ersten Mal auftauchte. Luther machte sich mit diesem Begriff über die mit heiligem Öl gesalbten römischen Priester lustig und beschimpfte sie mit den Worten: »Es ist manch Ölgötz auf der Kanzel.«

Mit oder ohne Öl, Götzen sind auf jeden Fall stumm, regungslos und ohne Emotionen, genauso wie wir jemand, der anscheinend teilnahmslos herumsteht, als Ölgötzen bezeichnen.

Da kräht kein Hahn danach

»Jesus sprach zu ihm: Wahrlich ich sage dir: In dieser Nacht, ehe der Hahn kräht, wirst du mich dreimal verleugnen.«

Matthäus 26,34

In der Heiligen Schrift werden ungefähr 130 Tierarten erwähnt, wovon manche der hebräischen Begriffe jedoch nach heutigem Kenntnisstand nicht mehr zu klassifizieren sind. An Hühnerarten werden das Rebhuhn und die Wachtel genannt, die den Israeliten als Speise in der Wüste dienten. Der Hahn wird in seiner Funktion als Verkünder des frühen Morgens erwähnt. Das laute »Kikeriki« des Hahnes dient zur akustischen Markierung des Reviers, und man kann sich darauf verlassen, dass der Hahn regelmäßig morgens bei beginnendem Sonnenaufgang, gegen Mittag und gegen Abend kräht. Deswegen diente der Hahnenschrei im Altertum als relativ genaue Zeitangabe. Auf Latein heißt der Hahn »Gallus gallus domesticus«, und die Mitte zwischen Mitternacht und Sonnenaufgang wurde dementsprechend als Gallicinum bezeichnet.

Im Neuen Testament spielt der Hahn eine denkwürdige Rolle. Vor der Gefangennahme Jesu hatte der Jünger Petrus großspurig angekündigt, seinem Herrn treu zur Seite zu stehen. Doch als die ersten Soldaten kamen, lief er davon. Ob es Neugierde oder Treue war, dass er sich dann doch zum Ort des Verhörs begab, wissen wir nicht. Jedenfalls wurde er als Jünger erkannt und dreimal befragt, doch er gab an, den verhafteten Jesus nicht zu kennen. Und exakt wie dies von Jesus vorhergesagt worden war, endete der Verrat mit dem morgendlichen Krähen eines Hahns. Petrus fühlte sich offenbar ertappt und ziemlich elend, denn angeblich ging er hinaus und weinte bitterlich.

Der Hahn, der auf den christlichen Kirchtürmen seit dem neunten Jahrhundert wacht, hat mit Verrat nichts zu tun. Bereits seit der Antike gilt er als ein Symbol für Wachsamkeit. Heute fragt keiner mehr nach der Bedeutung des Federviehs auf der Turmspitze. Nur wenn wir ausdrücken wollen, dass etwas ohne Bedeutung ist, oder wenn sich niemand für eine bestimmte Sache interessiert, dann zitieren wir die Begebenheit aus der Bibel mit den Worten: »Da kräht kein Hahn danach!«

Der Kelch ist an ihm vorübergegangen

»Und ging hin ein wenig, fiel nieder auf sein Angesicht und betete und sprach: Mein Vater, ist's möglich, so gehe dieser Kelch von mir; doch nicht, wie ich will, sondern wie du willst!«

Matthäus 26,39

Der Kelch wurde nach der jüdischen Tradition herumgereicht, um im gemeinsamen Austrinken Anteil am Schicksal der anderen zu nehmen. Andererseits wurden Kelch oder Becher im Alten Testament auch als Sinnbild für den Zorn oder das Gericht Gottes verstanden. Erst im Christentum wurde das Gefäß zum Symbol der göttlichen Gnade. Besonders als Gral ist der Kelch in die christlichen Legenden eingegangen. Und noch heute ist der Glaube an einen rätselhaften heiligen Gegenstand, durch den kultische Mysterien und Geheimnisse symbolisiert werden und der sich dem Zugriff der Ungläubigen entzieht, in bestimmten Kreisen ungebrochen lebendig. Seit Jahrhunderten ranken sich zahlreiche Berichte um den Kelch, eines der wichtigsten religiösen Symbole des Abendlandes. Einige Wissenschaftler sind davon überzeugt, dass die Suche nach dem heiligen Gral für einen spirituellen Weg zur Vollkommenheit steht.

Nach kirchlicher Auslegung handelt es sich dabei um das Gefäß, aus dem Jesus am Tag vor seiner Hinrichtung getrunken hatte. Angeblich wurde auch das Blut, das bei der Kreuzigung aus seinen Wunden lief, in diesem Kelch aufgefangen. Der Kelch ist also im Zusammenhang mit der Passion ein gewichtiges Thema. Bereits vor seiner Gefangennahme betete Jesus im Garten Gethsemane, dass der Kelch an ihm vorübergehen möge. Ob er tatsächlich diesen Wunsch so äußerte, hat wahrscheinlich niemand gehört, denn angeblich haben seine Begleiter alle geschlafen. Doch was in dem Kelch war, verstehen wir sofort aus dem Zusammenhang, ohne allerdings genau sagen zu können, warum dieses Bild gebraucht wird. So viel ist immerhin beunruhigend klar: Der Kelch bedeutet nicht unbedingt Gutes. Seither wünschen auch wir uns, dass mancher Kelch an uns vorübergehen möge, denn er gilt heute ganz allgemein als Symbol für Unannehmlichkeiten.

Der Geist ist willig,
aber das Fleisch ist schwach

> »Wachet und betet, dass ihr nicht in Anfechtung fallet! Der
> Geist ist willig; aber das Fleisch ist schwach.«
>
> *Matthäus 26,41*

Als der griechische Philosoph Sokrates zum Tod verurteilt wurde, nahm er das sehr gelassen hin. Wie damals üblich, wurde dem Todeskandidaten ein Becher mit dem tödlichen Saft des Gefleckten Schierlings gereicht. Sokrates leerte den Becher, und während das Gift wirkte, diktierte er seinem Schüler Platon seine Empfindungen. Platon war fasziniert von der Ruhe, mit der Sokrates seine Strafe ertrug, und vor allem mit welcher Gelassenheit er dem spürbar näher kommenden Tod begegnete.

Während der Philosoph gelassen und anscheinend ohne Kampf in den Tod ging, war dies bei Jesus offenbar nicht der Fall. Alle Evangelien berichten von der Todesangst, in der sich Jesus im Garten Gethsemane befand. Dieser Garten lag am Fuße des Ölbergs, noch innerhalb der Stadtgrenze von Jerusalem. Obwohl Jesus häufig allein gebetet hatte, wenn es um wichtige Entscheidungen ging, hatte er diesmal zur Verstärkung drei seiner engsten Vertrauten mitgenommen. Er hatte sie aufgefordert, ihn zu begleiten, um mit ihm zu wachen und für ihn zu beten. Hoch und heilig versprachen die drei, hellwach zu bleiben und für ihren Meister hundertprozentig präsent zu sein. Doch während Jesus betend mit seinem Schicksal rang, schliefen seine Jünger schon bald ein. Anstatt zu beten und so den Beistand des Heiligen Geistes zu erbitten, ließen sie sich vom Schlaf überwältigen. Jesus kommentierte die Situation mit dem berühmten Satz: »Der Geist ist willig, aber das Fleisch ist schwach.«

Über einen möglichen anderen Verlauf des Geschehens – wären die drei Männer ihrem Vorsatz treu geblieben und hätten gewacht und gebetet – kann nur spekuliert werden. Gute Vorsätze nicht einzuhalten ist eine Erfahrung, die die meisten von uns schon gemacht haben. Regelmäßig zu Silvester nehmen wir uns viel fürs kommende Jahr vor: mehr Sport, weniger Schokolade, auf keinen Fall mehr rauchen, weniger streiten und überhaupt ein besserer Mensch werden – der Jahreswechsel ist ein beliebter Termin für gute Vorsätze. Aber nur die wenigsten halten durch, und als Entschuldigung zitieren wir ebenjenen alles erklärenden Satz: Der Geist ist willig, aber das Fleisch ist schwach.

Judaskuss

> »Und alsbald trat er zu Jesus und sprach: Gegrüßt seiest
> du, Rabbi! Und küsste ihn.«
>
> *Matthäus 26,49*

Ein Kuss gilt als Zeichen der Ehrerbietung, Freundschaft
oder gar Liebe. Doch ausgerechnet der berühmteste
Kuss der Geschichte war weder ein Zeichen der Verehrung noch der Liebe, sondern des Verrats. Es war der
Jünger Judas, der diesen verhängnisvollen Kuss gab, und
deswegen gilt er als der Verräter schlechthin. Weder Lukas, Markus, Matthäus noch Johannes äußern sich zu
den Beweggründen für das Verhalten des Judas. Seit es
Christen gibt, wird über die Tat spekuliert, und die spär-
lichen Details lassen sich kaum auf einen Nenner bringen. Vielleicht war ein Grund für die Untreue seine Enttäuschung darüber, dass Jesus nicht der Messias im Sinne
eines weltlichen Königs der Juden sein wollte, welcher
der verhassten Fremdherrschaft der Römer ein Ende be-
reiten würde. Vielleicht wollte er auch einfach die dreißig Silberlinge einstreichen, den sprichwörtlichen Judas-
lohn. Fakt ist, dass der Kuss, den der abtrünnige Judas
dem Messias vor dessen Gefangennahme im Garten Gethsemane gab, eine Kette von Ereignissen in Gang setzte,
an deren Ende Jesu Tod am Kreuz und die von Sünde
und Tod erlöste Menschheit stand.

Natürlich musste ein solcher Verrat ein schreckliches
Ende nehmen. Der lapidare Satz des Matthäusevangeli-

ums, Judas habe sich erhängt, genügte der christlichen Nachwelt schon bald nicht mehr. Es bildeten sich allerlei Legenden. So habe beispielsweise Gottes strafende Hand den Verräter seines Sohnes vornüber gestürzt, worauf sein Körper zerplatzte und die Eingeweide herausquollen.

Doch auch ein anscheinend eindeutiger Sachverhalt wie der Verrat des Judas wurde unterschiedlich interpretiert. Die gnostische Sekte der Kainiten verehrte Judas als Helden der Wahrheit, dem im zweiten Jahrhundert gar ein eigenes Evangelium gewidmet wurde. Judas habe mit seinem Kuss bewusst das Heilsgeschehen in Gang gesetzt und sich so um die ganze Menschheit verdient gemacht.

Demgegenüber verstehen wir unter dem Begriff Judaskuss eine geheuchelte Freundschaftsbezeugung, hinter der sich Feindschaft und böse Absichten verbergen.

Seine Hände in Unschuld waschen

»Da aber Pilatus sah, dass er nichts schaffte, sondern dass ein viel größer Getümmel ward, nahm er Wasser und wusch die Hände vor dem Volk und sprach: Ich bin unschuldig an dem Blut dieses Gerechten, sehet ihr zu!«

Matthäus 27,24

Es ist eine Schlüsselszene der Passionsgeschichte: Jesus von Nazareth hatte nach dem Willen der Bevölkerung Jerusalems den Tod verdient. Verhängen konnte dieses Todesurteil nach der damaligen politischen Lage aber nur der römische Statthalter Pontius Pilatus. Allerdings sah der Römer zunächst keinen Grund für eine Verurteilung. Pilatus wollte mit dem Fall Jesus nichts zu tun haben, ihn interessierte die Machtfrage und nicht die Frage nach der Wahrheit. Er wollte die Pax Romana, den Frieden des Römischen Reiches, auch in Israel durchsetzen, koste es, was es wolle. Ein Volksaufstand war nur für sein eigenes Machtkalkül nützlich, ob ein Mensch dadurch zu Unrecht ums Leben kam, spielte für ihn keine Rolle.

Als der Druck der Straße immer größer wurde, musste er eine Entscheidung treffen. Doch wie konnte es gelingen, Entscheidungsträger einer Angelegenheit zu sein und dennoch unschuldig zu bleiben oder wenigstens vorzutäuschen, man hätte mit der Sache nichts zu tun gehabt? Pontius Pilatus versuchte es auf seine Weise: Er ließ sich einen Krug Wasser bringen und wusch sich vor allen Leuten die Hände.

Reinigungsrituale haben in vielen Kulturen eine wichtige Bedeutung, denn Waschen erleichtert angeblich das Gewissen. Alles Händewaschen nützte Pilatus nichts, der Ausgang der Geschichte ist bekannt: Der wirklich Unschuldige wurde ans Kreuz gehängt, und Pilatus' Beteiligung an diesem Tod fand Eingang ins Credo, das Glaubensbekenntnis der Christen: »gekreuzigt unter Pontius Pilatus«.

Dennoch hat das Ritual des Händewaschens in Unschuld inzwischen seinen unrühmlichen Gang durch die Geschichte fortgesetzt und richtet bis heute weltweit auf die unterschiedlichste Art und Weise Menschen zugrunde. Um jede Verantwortung von sich zu weisen und mögliche Nachteile zu vermeiden, scheint es gang und gäbe, den Weg des geringsten Widerstands zu gehen. Es werden Lügen überhört, es wird geschwiegen, man mischt sich nicht ein, bei harten Entscheidungen wird auf übergeordnete Stellen verwiesen, kurz: Man wäscht seine Hände in Unschuld.

Sein Kreuz tragen

»Und indem sie hinausgingen, fanden sie einen Menschen von Kyrene mit Namen Simon; den zwangen sie, dass er ihm sein Kreuz trug.«

Matthäus 27,32

Es ist ein Kreuz mit dem Kreuz – dieser Satz fällt oft im Zusammenhang mit der modernen Volkskrankheit, den Rückenschmerzen. Angeblich belasten Stress, Ärger, Überanstrengung und zu wenig Bewegung die Wirbelsäule und die Rückenmuskulatur so stark, dass es weh tut.

Ob auch ein gewisser Simon von Kyrene unter Rückenschmerzen litt, als er vor über zweitausend Jahren ein echtes Kreuz durch Jerusalem schleppen musste, ist nicht überliefert. Römische Soldaten hatten ihm das Kreuz von Jesus aufgeladen, obwohl er mit der Kreuzigung überhaupt nichts zu tun hatte. Sein Weg hatte ihn rein zufällig am qualvollen Kreuzweg des Messias vorbeigeführt. Er war weder ein triumphierender Feind Jesu noch ein mitleidiger Anhänger, der ihm noch einmal seine ganze Zuneigung und Verehrung zeigen wollte. Darüber hinaus weiß man nicht besonders viel über den Mann mit dem jüdischen Namen Simon. Sein Beiname von Kyrene deutet darauf hin, dass er aus Nordafrika, dem heutigen Libyen, stammte. Jedenfalls gilt als sicher, dass er einer der ersten Christen wurde. Simons beschwerlicher Weg mit dem riesigen Kreuz auf dem Rücken steht als Sinnbild dafür, was Christen auf sich nehmen sollen, um Jesus nachzufolgen. Auch ohne den christlichen Auftrag leiden viele Menschen. Das Kreuz hat viele Namen: Krankheit, Hunger, Terror, Verfolgung, Naturkatastrophen, aber auch die täglichen großen oder kleinen Plagen. Es hat also jeder sein Kreuz zu tragen, wie wir gerne diesen Spruch aus der Bibel etwas flapsig zitieren.

Ein Rufer in der Wüste

> »Es ist eine Stimme eines Predigers in der Wüste: Bereitet den Weg des Herrn, macht seine Steige richtig!«
>
> *Markus 1,3*

Wüsten gelten allgemein als lebensfeindlich. Es regnet kaum, also ist es dort sehr trocken, und nur wenige Pflanzen gedeihen in dieser Umgebung. Wenn die Sonne tagsüber vom wolkenlosen Himmel herunterbrennt, wird es erbarmungslos heiß. Nachts strahlt die Wärme wieder zurück, und es wird bitterkalt, sobald die Sonne untergegangen ist. So weit das Auge reicht, sieht alles gleich aus, und es gibt nichts, woran man sich orientieren könnte. Die Wüste ist der Gegenpol zur bewohnbaren Welt, und als Metapher steht sie für den Ort der Leere, für den Ort ohne Horizont, für Verlassenheit, aber auch für die Suche des Menschen nach dem Ursprung.

Eine dieser leeren, trockensten und unwirtlichsten Gegenden der Erde ist die Wüste Sinai. Diese Wüste musste das Volk Israel nach seiner Flucht aus Ägypten durchqueren. Herkömmliche Nahrungsquellen gab es dort nicht, und nachdem alle Vorräte erschöpft waren, schien ein qualvoller Hungertod unumgänglich – hätte Gott nicht mit dem leckeren Manna ausgeholfen.

Diese Wüstenwanderung wird als Vorbereitung und Reinigung verstanden und gilt als Lehrstück hinsichtlich Prüfung und Exil. Für die Propheten war die Wüste ein Rückzugsort, ein Ort der Askese und Visionen.

Nach den alttestamentarischen Propheten, die Einsicht und Weisheit zu finden glaubten, beginnt die christliche Tradition der Wüstenprediger mit Johannes dem Täufer. Auf ihn hatte bereits der Prophet Jesaja mit den Worten hingewiesen, dass eine Stimme in der Wüste rufen wird. Zwar war Johannes zu seiner Zeit lediglich einer von vielen Predigern, die durchs Land zogen, aber seine Botschaft war so laut und eindringlich, dass ihm Tausende Menschen folgten, ihre Sünden bekannten und sich taufen ließen. Schon bald war er den Herrschenden ein Ärgernis, Johannes wurde gefangen genommen und auf Wunsch der Königstocher Salome geköpft. Über Johannes den Täufer wird nicht nur im Alten Testament berichtet, auch der jüdische Geschichtsschreiber Flavius Josephus erzählt von der Redegewalt des Wüstenpredigers. Demnach war er kein leiser Rufer in der Wüste, sondern einer, der das Volk lautstark aufrüttelte.

Im Gegensatz dazu gilt bei uns aber derjenige als Rufer in der Wüste, der ergebnislos mahnt und vergeblich warnt.

In die Wüste schicken

»Und alsbald trieb ihn der Geist in die Wüste.«

Markus 1,12

»Meer ohne Wasser« nennen Araber die Wüste. Allgemein stellen wir uns solche Regionen mit unendlich viel Sand vor, egal, wohin man sieht und wie weit das Auge reicht. Das ist allerdings nicht ganz richtig. Etwa 20 Prozent der Erdoberfläche gehören zum sogenannten Trockengürtel, dort liegen die großen Wüsten, aber nur etwa drei Prozent sind von Sand bedeckt.

Im Alten und im Neuen Testament wurde immer wieder jemand in die Wüste verbannt. Einfach um sie loszuwerden, schickte Abraham seine Nebenfrau Hagar in die Wüste. Mose floh zu den Wüstennomaden, nachdem er einen Ägypter erschlagen hatte. Und schließlich irrte das gesamte jüdische Volk vierzig Jahre lang durch die Wüste. Zur Erinnerung an diese Wanderung wurde jedes Jahr am Versöhnungstag ein Ziegenbock in die Wüste getrieben. Ursprünglich wurden dem ausgewählten Bock durch den Priester Aaron die Sünden des ganzen Volkes Israel aufgeladen. Anschließend übergab man das Tier einem gewissen »Azazel«, einer Art Wüstendämon. Der Ziegenbock wurde als Sündenbock zum Teufel, also in die Wüste, gejagt, und auf diese Weise wurde die menschliche Schuld weggetragen.

Später und auf eine andere Art konnte man seine Sünden durch Johannes den Täufer loswerden. Er hatte sich ebenfalls in der Wüste niedergelassen, um dort die reuigen Sünder in den Jordan zu tauchen. Auch der Messias ging, um zu beten und zu fasten, in die Wüste. Er war das Vorbild für alle nachfolgenden christlichen Wüstenprediger. Sie erwarteten in der kargen Einsamkeit göttliche Erfahrungen. Die Visionen waren allerdings vorhersehbar, denn wenn der Körper durch Fasten und Schlafmangel geschwächt ist, ist es nicht ungewöhnlich, dass man auch in wachem Zustand Träume hat. Das Gehirn arbeitet dann nicht mehr normal, da der Glucosegehalt und die Elektrolytwerte des Blutes nicht mehr stimmen.

Wenn heute jemand in die Wüste geschickt wird, dann sicher nicht, weil er göttliche Erfahrungen machen soll, sondern weil man jemanden loswerden will. Wenn wir mit jemandem nichts mehr zu tun haben wollen, dann schicken wir ihn bildlich gesprochen in die Wüste, dann ist man ihn oder sie los, der Fall ist erledigt, abgeschlossen, zu Ende.

Sein Scherflein beitragen

»Und es kam eine arme Witwe und legte zwei Scherflein ein; die machen einen Heller.«

Markus 12,42

Schon in der Frühgeschichte der Menschheit wurden wertvolle Gegenstände, Nahrungsmittel und Tiere zu den Altären und in die Tempel gebracht und dort den Göttern geopfert. Dies sollte die Gottheiten in ihrer Allmacht besänftigen. Ein besonders drastischer Vollzug des Ritus war es, das Opfertier vor den Augen der Gemeinde in feierlicher Form zu töten und zu verbrennen. In der jüdischen Tradition gab es bis zur Zerstörung des Tempels im Jahr siebzig nach Christus viele verschiedene Darbringungsformen von Geld, Lebensmitteln und Tieren. Schon damals äußerten sich manche Propheten kritisch über die rein gewohnheitsmäßige Gabe von Opfern, und auch Jesus schloss sich später dieser Kritik an. Er hatte das Spendenverhalten der Besucher des Jerusalemer Tempels beobachtet und festgestellt, dass viele Reiche auch viel spendeten. Das war absolut in Ordnung, denn wer viel hatte, konnte auch viel geben. Doch dann kam eine arme Witwe, die mit ihrer kleinen Gabe alles opferte, was sie zum Leben hatte. Es waren zwei kleine Münzen des geringsten Wertes, die die Witwe in den Opferkasten geworfen hatte.

Martin Luther übersetzte den griechischen Begriff für die beiden kleinen Münzen mit dem Wort »Scherflein«.

»Scherf« war der Name der geringwertigsten Silbermünze, die im Mittelalter in Thüringen geprägt wurde. Weil die Münze den Wert von etwa einem halben Pfennig hatte, konnte bei Bedarf auch einfach ein Pfennigstück in zwei Hälften geteilt werden. Deswegen kam der Scherf allmählich aus der Mode und wurde zuletzt im Jahr 1777 in Lüneburg geprägt.

Dass die Münze heute noch bekannt ist, verdanken wir der Geschichte aus dem Neuen Testament vom Scherflein, der Verkleinerungsform von Scherf, und der armen Witwe. Immer dann, wenn dazu aufgerufen wird, ein großes Ganzes zu unterstützen, sagt man, dass jeder sein Scherflein dazu beitragen soll.

Wer glaubt, wird selig

> »Wer da glaubet und getauft wird, der wird selig werden;
> wer aber nicht glaubt, der wird verdammt werden.«
>
> *Markus 16,16*

Bedeutet Glaube die Zugehörigkeit zu einer Religion, ist er ein Wertesystem oder eine Weltanschauung? Glaubt man, weil Wissen fehlt, oder ist es vielmehr die Gewissheit, dass es mehr gibt, als wir mit unseren Sinnen und dem Verstand erfassen können? Das Rezept der Heiligen Schrift lautet: Wer glaubt, wird selig. Bei diesem selig machenden Glauben geht es nicht darum, eine Geschichte für wahr zu halten oder irgendwelche Fakten zu akzeptieren. Das Wort »glauben« kommt vom mittelhochdeutschen »globen«, was man sowohl mit geloben als auch mit verloben übersetzen kann. Damit wird deutlich, dass es beim Glauben im religiösen Sinne um eine Beziehung geht. Glauben bedeutet, jemandem rückhaltlos zu vertrauen. »Selig« oder auch »Seligkeit« stehen umgangssprachlich für das, was Menschen als größtes Glück und höchste Lebenserfüllung empfinden oder anstreben. Ein absoluter Glückszustand, also eine Situation ohne Leid und Schuld, ist sicher für jedermann erstrebenswert. Also glauben die Menschen gerne, wobei sich das keineswegs auf religiöse Vorstellungen beschränken muss, man kann auch an die Menschenrechte glauben oder ans Schicksal, an die Liebe, die eigene Kraft oder an Gerechtigkeit. Allgemein gilt, dass Glaube die subjektive, durch besondere Gründe gefestigte Vorstellung beziehungsweise das ganze Vorstellungssystem eines Menschen ist. Heute gelten insbesondere die Glaubenssätze der Moderne, das sind Erklärbarkeit, Wissen und Machbarkeit. In diesem Sinne hat sich in der Alltagssprache in den Bibelspruch ein kleines »s« eingeschlichen: also, wer »es« glaubt, wird selig. Und so verspricht diese Redewendung keine Glückseligkeit, sondern wir zitieren den Satz »Wer's glaubt, wird selig«, wenn wir ausdrücken wollen, etwas sei völlig absurd und absolut unglaubwürdig.

Der wahre Jakob

> »Und da es Tag ward, rief er seine Jünger und erwählte ihrer zwölf, welche er auch Apostel nannte: Simon, welchen er Petrus nannte, und Andreas, seinen Bruder, Jakobus und Johannes, Philippus und Bartholomäus, Matthäus und Thomas, Jakobus, des Alphäus Sohn, Simon, genannt Zelotes, Judas, des Jakobus Sohn und Judas Ischariot, den Verräter.«
>
> *Lukas 6,13–15*

Der männliche Vorname Jakob erinnert an den alttestamentarischen Patriarchen Jakob, den Enkel Abrahams. Die etymologische Wurzel ist der hebräische Begriff »Ferse« und findet sich in der biblischen Erzählung, wonach sich Jakob bei seiner Geburt an der Ferse seines Zwillingsbruders Esau festgehalten hat. Dieser Vorname war im alten Israel sehr populär, und auch im Neuen Testament lernen wir mehrere Personen mit diesem Namen kennen, über deren Schicksal im Einzelnen allerdings kaum etwas überliefert ist.

Lediglich über Jakob den Älteren, den Sohn eines Fischers vom See Genezareth, sind ein paar Daten aus seinem Leben bekannt, aber auch sie sind zum größten Teil eher Fiktion. Angeblich missionierte Jakob in Spanien, aber er hatte wenig Erfolg und kehrte nach Palästina zurück. Dort geriet er mit den jüdischen Machthabern in Konflikt, und im Jahr 44 nach Christus ließ ihn Herodes Agrippa I. enthaupten. Jakob war somit der erste Apostel, der den Märtyrertod starb.

Ein paar Jahre später verbreitete sich der Glaube, Freunde hätten seinen kopflosen Leichnam in ein Boot gelegt, das von Engeln über das Mittelmeer wieder zurück nach Nordspanien geleitet wurde. Ein junger Ritter sah das Boot in Ufernähe und sprang ins Wasser, um die Gebeine des Märtyrers zu retten. Doch hätte ihm Sankt Jakob nicht auf wundersame Weise geholfen, wäre er mit seiner schweren Rüstung sicher ertrunken. Über und über mit Muscheln bedeckt, entstieg der Ritter den Fluten. Seither gilt die Jakobsmuschel als Zeichen dieser wundersamen Rettung. Auch der Ort, an dem der heilige Jakob beigesetzt wurde, erinnert an seinen Namen: Sankt Jakob, auf spanisch Santiago.

Im neunten Jahrhundert baute man über dem Grab des Märtyrers eine Kapelle, und bald wurde Santiago ein religiöses Wallfahrtszentrum. Als die Mauren in Spanien immer weiter vorrückten, wurde dem Heiligen kurzerhand eine militärische Mission zugesprochen. Angeblich setzte sich der ehemals friedliche Apostel mit dem Schwert an die Spitze der christlichen Truppen. Mit dem Schlachtruf »Santiago!« schlug man die Invasoren in die Flucht, und Jakob wurde zum Retter der christlichen Kirche und zum Schutzheiligen Spaniens ernannt. Im zwölften Jahrhundert baute man Sankt Jakob eine Kathedrale, und schon damals wanderten Pilger aus ganz Europa auf dem Jakobsweg nach Santiago de Compostela.

Wenige erfuhren später von den dramatischen Ereignissen im Jahr 1589, als die Reliquien des Heiligen vor dem englischen Seefahrer Sir Francis Drake in Sicherheit gebracht werden sollten und dabei spurlos verschwanden.

Erst als die Kathedrale im Jahr 1879 umgebaut wurde, fand man bei Grabungen zufällig die verloren geglaubten Knochen. Papst Leo XIII. bestätigte 1884 ihre Echtheit, was nicht unumstritten war. Bereits im Mittelalter hatte man in Kirchenkreisen den Wahrheitsgehalt der Missionstätigkeit des Jakobus auf der Iberischen Halbinsel bezweifelt. Da sein Aufenthalt in Spanien nicht durch glaubwürdige Quellen belegt werden konnte, hatte man in Rom vorgeschlagen, die Lebensgeschichte des Jakobus etwas zu überarbeiten, was im späten sechzehnten und frühen siebzehnten Jahrhundert zu einer heftigen Kontroverse führte.

Gewisse Zweifel am historischen Wahrheitsgehalt des heiligen Jakob, seiner Mission und der letzten Ruhestätte seiner Gebeine in Santiago de Compostela scheinen also berechtigt. Dennoch, Zehntausende von Pilgern, die sich alljährlich auf die beschwerliche Wallfahrt zum Grab des Märtyrers begeben, sind absolut sicher, sich am Ort der heiligen Reliquien zu befinden. Es gab allerdings auch immer schon Jakobspilger, die sich Hilfe von ihrem Heiligen erhofften, denen der Weg nach Spanien aber zu beschwerlich war. Sie besuchten einfach alternative Wallfahrtsorte des heiligen Jakobus.

So behauptet die Kirche im italienischen Monte Grigiano, seit 1395 im Besitz der echten Jakobs-Reliquien zu sein. Weil sich auch noch andere Orte in ganz Europa um die Pilgerströme stritten, ist die Redewendung »Das ist nicht der wahre Jakob« mit großer Wahrscheinlichkeit auf die Streitigkeiten um das Grab des Apostels Jakobus und seine Gebeine zurückzuführen. Der im

Sprachgebrauch überlieferte Ausspruch, jemand sei »der wahre Jakob«, was so viel bedeutet wie »das ist der richtige Mann«, »das ist der Gesuchte« oder »das rechte Mittel«, ist seit dem achtzehnten Jahrhundert bekannt.

Heute gebraucht man eher die Negation, wenn man mit »Das ist nicht der wahre Jakob« etwa statt an das Original an die zweite Wahl denkt.

Ein barmherziger Samariter

»Ein Samariter aber reiste und kam dahin; und da er ihn
sah, jammerte ihn sein, ging zu ihm, verband ihm seine
Wunden und goss darein Öl und Wein und hob ihn auf sein
Tier und führte ihn in die Herberge und pflegte sein. Des
anderen Tages reiste er und zog heraus zwei Groschen und
gab sie dem Wirte und sprach zu ihm: Pflege sein; und so
du was mehr wirst dartun, will ich dir's bezahlen, wenn ich
wiederkomme.«

Lukas 10,33–35

Auf welchem Wege man die Seligkeit nach dem Tod er-
langt, ist eine Grundfrage aller Religionen. Für Juden galten die Gottesliebe und die Nächstenliebe als Voraussetzung für das ewige Leben. Mit der Liebe zu Gott gab es
keine Probleme, wer aber war der Nächste, den man so
wie sich selbst lieben sollte? Im alten Israel diskutierte
man viel über die Lösung dieser Frage. Einigkeit herrschte
lediglich darüber, dass die Kinder Israels als Nächste
gelten sollten, einschließlich der zum Judentum überge-
tretenen Heiden. Allerdings gab es jede Menge Ausnah-
men: Persönliche Gegner sollten ausgeschlossen werden,
manche lehnten Denunzianten, Heuchler oder Ketzer
ab, Pharisäer wollten Nichtpharisäer ausschließen, und
die Gruppe der Essener forderte, dass man generell alle
Feinde ihrer Gemeinschaft hassen sollte.

Wo und ob innerhalb einer Volksgemeinschaft die
Nächstenliebe abzugrenzen war, blieb also ziemlich um-

stritten. Bei einem Feind allerdings herrschte bei den Juden uneingeschränkte Einigkeit: Die Samaritaner, die in der Bibel Samariter genannt werden, waren bei allen jüdischen Religionsparteien gleichermaßen verhasst und verachtet. Das Verhältnis zwischen Juden und Samaritanern war außerordentlich gespannt. Die Samaritaner bewohnten das israelitische Nordreich und gehörten ebenfalls zum Judentum. Von der Verschleppung der jüdischen Oberschicht durch die Assyrer ins Babylonische Exil waren die Samaritaner allerdings damals verschont geblieben. Im Lauf der Zeit vermischten sie sich mit den ins Stammland einwandernden fremden Siedlern, weswegen sie für die aus der Gefangenschaft heimkehrenden Juden als unrein galten. Zwischen dem sechsten und neunten Jahrhundert nach Christus erreichten die Spannungen ihren Höhepunkt. Vor allem nachdem die Samariter den Tempelplatz während eines Passahfestes um Mitternacht durch das Ausstreuen menschlicher Gebeine verunreinigt hatten, herrschte beiderseits unversöhnlicher Hass.

Ausgerechnet einer dieser verachteten Samariter spielte die Hauptrolle bei der Beantwortung der Frage, wer denn der Nächste sei. Die Geschichte, die einem gebildeten Juden vorgetragen wurde, geht wahrscheinlich auf eine tatsächliche Begebenheit zurück. Ort des Geschehens war der 27 Kilometer lange Abstieg von Jerusalem nach Jericho. Der Weg führte durch eine tiefe Schlucht an einem Bach entlang, der links und rechts von dichtem Wald gesäumt war. Ein idealer Ort für einen Hinterhalt. Auf dieser Strecke, die auch heute noch für Raubüber-

fälle berüchtigt ist, wurde ein jüdischer Mann von Wege-
lagerern überfallen, ausgeraubt und halbtot geschlagen.
Er war unfähig, seinen Weg allein fortzusetzen. Als ein
jüdischer Priester vorbeikam, ignorierte dieser den Verletzten und ging weiter. Danach passierte ein zweiter vor-
nehmer Jude die Unglücksstelle, doch auch er hielt nicht
an. Schließlich kam ein Samariter. Dieser kümmerte sich
um den Verletzten, versorgte die Wunden, brachte ihn in
eine Unterkunft und bezahlte im Voraus für die Pflege.
Der Schriftgelehrte, der die Geschichte gehört hatte, war
fassungslos: Es durfte nicht wahr sein, dass ausgerechnet einer der verhassten Samariter das Liebesgebot erfüllt
hatte. Doch am Schluss dieser Erzählung musste nun die
Frage beantwortet werden, wer für den überfallenen Juden der Nächste war? Der Gelehrte, der das verhasste
Wort Samariter nicht einmal aussprechen wollte, sagte
demnach: »Der die Barmherzigkeit an ihm tat.«

So wie der Samariter im Gleichnis sein Herz fremder
Not geöffnet hatte, verstehen wir unter der Bezeichnung
barmherziger Samariter ein menschliches Verhalten, das
ohne Opportunismus aus purer selbstloser Nächstenliebe anderen hilft. Diesem Leitsatz folgt auch eine bekannte Hilfs- und Wohlfahrtsorganisation, der Arbeiter-Sa-
mariter-Bund.

Den Teufel mit dem Beelzebub austreiben

> »Etliche aber unter ihnen sprachen: Er treibt die Teufel aus durch Beelzebub, den Obersten der Teufel.«
>
> *Lukas 11,15*

Satan, Luzifer, Beelzebub, Mephistopheles – der Teufel trägt mehr Namen als jede andere mythologische Gestalt. Jede Bezeichnung hat ihre Bedeutung und Geschichte. Im Alten Testament erscheint der Teufel als Rebell, Verführer und Ankläger. Seinen großen biblischen Auftritt hat er im Buch Hiob, wo er ein geachtetes Mitglied in Gottes Hofstaat ist und Satan heißt. Immer, wenn in der Bibel »Satan« steht, stammt der ursprüngliche Text aus dem Hebräischen. Satan bedeutet »Widersacher« im Sinn eines Richters, der Fangfragen stellt oder Rätsel aufgibt, um zu prüfen, ob jemand ehrlich ist oder nicht.

Auch der Beelzebub stammt aus dem Hebräischen. In der Bibel wird er als der mächtigste der falschen Götter bezeichnet. Bei seinem Namen handelt es sich vermutlich um eine Verhöhnung des alten Götzen Baal. Sein vollständiger Name war Baal Zebul, das heißt erhabener Herr; wahrscheinlich sollte er durch den ähnlich klingenden Spottnamen Baal Zebub, das heißt »Herr der Fliegen«, verballhornt werden. Die mittelalterlichen religiösen Autoritäten beschrieben Beelzebub als riesige Gestalt mit zwei großen Hörnern und breiten fledermausartigen Schwingen, mit Entenfüßen, einem Löwenschwanz und dichtem schwarzem Haar. Der Begriff »Teufel« schließlich leitet sich vom griechischen Wort »diabolos« ab. Ins Deutsche übersetzt heißt das so viel wie »Feind« oder »Verleumder«. Alle Bibeltexte, in denen vom Teufel die Rede ist, wurden auf Griechisch abgefasst. Auch dieser Dämon sieht gefährlich und abstoßend aus. In der religiösen Kunst wird der Teufel meistens in hässlicher Tiergestalt dargestellt, als Drache oder Schlange, als haariges Zwitterwesen aus Mensch und Tier, mit Hörnern, Schwanz, Pferdehuf oder Bocksbeinen.

Dass Beelzebub und Co. auch heute noch gegenwärtig sind, kann man in den Alpenländern erleben. Jedes Jahr am sechsten Dezember wird der Sankt Nikolaus von einem Dämon, also einem ganz wüsten Gesellen, begleitet. Der Dämon ist natürlich der Teufel und der Beelzebub zugleich. Im Neuen Testament wird eine Geschichte mit den beiden Dämonen erzählt: Jesus trieb bei einem Stummen einen bösen Dämon aus. Als der Dämon den Stummen verlassen hatte, konnte der Mann reden. Alle Leute staunten. Einige von ihnen unterstellten Jesus aber, dass er mit dem Oberteufel Beelzebub im Bunde sei und mit dessen Hilfe die Dämonen austreibe.

Die biblische Geschichte vom Mann, der wieder reden kann, kennt kaum jemand. Dass Jesus den Dämon mit dem Beelzebub ausgetrieben habe, ist zum geflügelten Wort geworden. Denn immer, wenn wir annehmen, dass Übles durch noch Übleres ersetzt wird, zitieren wir das Lukasevangelium und behaupten wie die Kritiker Jesu, dass der Teufel mit dem Beelzebub ausgetrieben wurde.

Der verlorene Sohn

»Aber der Vater sprach zu seinen Knechten: Bringet das beste Kleid hervor und tut es ihm an, und gebet ihm einen Fingerreif an seine Hand und Schuhe an seine Füße, und bringet ein gemästet Kalb her und schlachtet's; lasset uns essen und fröhlich sein! denn dieser mein Sohn war tot und ist wieder lebendig geworden; er war verloren und ist gefunden worden. Und sie fingen an fröhlich zu sein.«

Lukas 15,22–24

Es gibt eine ganze Reihe dramatischer Auseinandersetzungen zwischen Brüdern, von denen im Alten Testament berichtet wird. Den Anfang macht der Totschlag Abels durch Kain. Es folgt die Geschichte um Abrahams Sohn Ismael, der in die Wüste geschickt wurde, nachdem sein Bruder Isaak geboren worden war. Dann bestach Jakob seinen Bruder Esau mit dem berühmten Linsengericht, und schließlich wurde Josef von seinen Brüdern nach Ägypten verkauft.

Auch Jesus erzählte eine Geschichte von Brüdern, es ist eine Familiengeschichte: Ein Vater hatte zwei Söhne. Der Jüngere ließ sich seinen Anteil am Vermögen auszahlen, er ging auf Reisen und verprasste sein Erbteil. Schließlich kehrte er elend und reumütig zurück und wurde überraschenderweise freudig wieder aufgenommen, nur der zurückgebliebene ältere Bruder – der all die Jahre redlich und fleißig gearbeitet hat – war ziemlich sauer und konnte den herzlichen Empfang nicht verstehen.

Die Parabel vom verlorenen Sohn ist wahrscheinlich das bekannteste Gleichnis im Neuen Testament. Die Geschichte zeigt wie keine andere, dass es möglich ist, einen Irrweg zu erkennen, umzukehren, Vergebung zu erlangen und analog dazu Parallelen zum eigenen Leben zu ziehen. Viele Künstler hat die Geschichte vom verlorenen Sohn inspiriert: Unter anderem zeigen dies die Bilder von Rembrandt, Max Beckmann, Hieronymus Bosch und Albrecht Dürer; oder auch die Kirchenoper von Benjamin Britten, ein Spielfilm von Luis Trenker aus dem Jahr 1934, das Buch *Der verlorene Sohn oder Der Fürst des Elends* von Karl May und viele mehr.

Heute berichten die Medien fast täglich über die Rückkehr verlorener Söhne. War eine Person des öffentlichen Lebens aus dem Focus des medialen Interesses verschwunden und erscheint nach einer gewissen Zeit wieder, dann berichtet die Presse über das Comeback. War die Person allerdings schon fast vergessen oder abgeschrieben, dann wird die Rückkehr des verlorenen Sohnes bejubelt.

Wie in Abrahams Schoß

> »Es begab sich aber, dass der Arme starb und ward getragen von den Engeln in Abrahams Schoß. Der Reiche aber starb auch und ward begraben.«
>
> *Lukas 16,22*

Das Alte Testament war in seinen wichtigsten Teilen um vierhundert vor Christus abgeschlossen. Von einem Leben nach dem Tod wird kaum etwas berichtet. Das Neue Testament beginnt mit Jesus, und damit verbunden ist auch der Glaube an den Jüngsten Tag. Seither besteht die Vorstellung, dass die Weltgeschichte ein Ende hat und an ihrem letzten Tag Gericht gehalten wird. Allerdings befindet sich schon jetzt ein ziemlich großer Teil der Menschheit unter der Erde, und es wäre den Lebenden gegenüber sehr ungerecht, richtete Gott nicht auch die Toten. Also werden alle wieder lebendig gemacht und nach dem beurteilt, was sie im Leben getan haben. Die Bösen werden in der Hölle bestraft, die Guten dürfen in einer unvorstellbar besseren Welt weiterleben.

Wie das konkret aussehen könnte, beschreibt das Gleichnis von dem reichen Mann und dem armen Lazarus. Der Wohlhabende, der sich nicht um die Not der anderen gekümmert hatte, hatte zwar im Diesseits ein gutes Leben, landete danach aber in der Hölle, dem schrecklichsten Ort, den man sich vorstellen kann. Gepeinigt von unvorstellbaren Qualen, bat der Reiche dort denjenigen um Hilfe, dem er zu Lebzeiten alle Hilfe versagt hatte. Denn auch der arme Lazarus war inzwischen gestorben, doch er wurde nach seinem Tod von Engeln in den Schoß Abrahams getragen. Er war also zum Stammvater aller Juden ins Himmelreich gekommen. Abrahams Schoß galt als Ort der Sicherheit, Geborgenheit und des Friedens und wurde zu einer Metapher für das Paradies.

Heute gibt es zahllose Angebote mit dem Versprechen, Sicherheit und Geborgenheit zu bieten, das reicht vom Schlafen wie in Abrahams Schoß bis zur absolut sicheren Art der Geldanlage, wo das Vermögen dann ebenfalls unbehelligt ruht – wie in Abrahams Schoß.

Von Pontius zu Pilatus

> »Da aber Pilatus Galiläa hörte, fragte er, ob er [Jesus] aus Galiläa wäre. Und als er vernahm, dass er unter des Herodes Obrigkeit gehörte, übersandte er ihn zu Herodes, welcher in den Tagen auch zu Jerusalem war.«
>
> *Lukas 23,6–7*

> »Aber Herodes mit seinem Hofgesinde verachtete und verspottete ihn, legte ihm ein weißes Kleid an und sandte ihn wieder zu Pilatus.«
>
> *Lukas 23,11*

Christen kennen den römischen Statthalter, der direkt oder indirekt für den Tod Jesu verantwortlich gemacht wird, vor allem, weil sie ihn im Glaubensbekenntnis nennen – »geboren von der Jungfrau Maria, gekreuzigt unter Pontius Pilatus«. Die koptische Kirche verehrt Pontius Pilatus wegen seines angeblichen Märtyrertodes, die äthiopische Kirche hat ihn sogar zum Heiligen erhoben, weil er dazu beigetragen habe, dass Jesus am Kreuz starb und dadurch die Menschheit erlöst wurde.

Über das wahre Schicksal des Pontius Pilatus ist wenig bekannt. Legenden erzählen vom Selbstmord unter Kaiser Caligula. Angeblich sei Pilatus' Leiche in den Tiber geworfen worden, der danach Hochwasser geführt und eine furchtbare Überschwemmung verursacht habe. Mit einer Naturkatastrophe endet auch die Version, wonach der Leichnam nach Frankreich gebracht und in die

Rhône geworfen wurde, worauf angeblich ein schrecklicher Sturm losgebrochen war. Eine andere Sage aus der christlichen Frühgeschichte berichtet, dass die sterblichen Überreste von Pilatus in der Schweiz in einem Gipfelsee auf dem Pilatusberg in der Nähe von Luzern versenkt wurden. Noch heute soll der römische Statthalter an jedem Karfreitag aus seinem nassen Grab steigen und hoch droben auf einer Felsplatte sitzen. Tatsache ist, dass der römische Kaiser Tiberius von 14 bis 37 nach Christus das Weltreich der Römer regierte. Während in Galiläa und um den See Genezareth herum der jüdische König Herodes Antipas einem winzigen Herrschaftsbezirk vorstand, waren die Provinzen Judäa und Samaria direkt der römischen Verwaltung untergeordnet. Der zuständige Statthalter hatte im Namen des Kaisers die Aufgabe, die Ordnung aufrechtzuerhalten und Steuern einzutreiben. In den Jahren 26 bis 36 nach Christus war dieser Prokurator der Römer Pontius Pilatus. Im Jahr dreißig nach Christus schleppten die Juden kurz vor ihrem Passahfest einen schwer misshandelten Mann vor seinen Palast. Weil er sich in seinen Predigten und seinen Taten als Gottes Sohn bekannte, hatte der jüdische Hohe Rat diesen Mann in einer Nacht-und-Nebel-Sitzung als Gotteslästerer zum Tod verurteilt. Da aber die Römer die politische Gewalt im Land ausübten, musste Pilatus den Fall übernehmen. Für den war schnell klar, dass der Angeklagte für Rom keine wirkliche Gefahr bedeutete. Um sich nicht wegen eines Fehlurteils verantworten zu müssen, übergab er den Fall dem seiner Meinung nach zuständigen jüdischen König Herodes Antipas. Doch auch dieser wollte sich die Finger nicht schmutzig machen und sandte Jesus seinerseits zurück zu Pilatus.

Diese ergebnislose Delegation der Zuständigkeit von Pilatus über Herodes wieder zurück zu Pilatus wird noch heute in einer merkwürdigen Redensart ausgedrückt. Auf die Unentschlossenheit des Pontius Pilatus und das Hin und Her bezieht sich die schon im Mittelalter entstandene Redewendung »von Pontius zu Pilatus«. Sie scheint unsinnig, da ja Pontius und Pilatus ein und dieselbe Person waren. Genau diese Unsinnigkeit soll verdeutlicht werden: Da wird einer ohne Sinn und Zweck von einem zum anderen geschickt, aber am Ende kommt doch nichts dabei heraus.

Den ersten Stein werfen

»Als sie nun anhielten, ihn zu fragen, richtete er sich auf und sprach zu ihnen: Wer unter euch ohne Sünde ist, der werfe den ersten Stein auf sie.«

Johannes 8,7

In vielen alten Kulturen war die Steinigung eine gängige Vollzugsform der Todesstrafe. Beim Vollzug durch Steinigen wurde das Opfer angeblich vorher bis zum Hals in die Erde eingegraben oder auf andere Weise festgehalten. Der Tod trat durch Ersticken oder durch Verletzungen am Kopf ein. Da es durchaus üblich war, dass ein Mensch mehrere Steinwürfe aushielt, ohne das Bewusstsein zu verlieren, bedeutete eine Steinigung ein langsames qualvolles Sterben.

Diese Art der Bestrafung war hauptsächlich für Vergehen gegen religiöse Vorschriften und sittliche Verfehlungen üblich. Auch die im Johannesevangelium erwähnte Frau war des Ehebruchs beschuldigt worden und sollte gemäß den geltenden Gesetzen gesteinigt werden. In diesem Zusammenhang wollten die Schriftgelehrten und Pharisäer Jesus eine Falle stellen. Wenn dieser in seiner bekannten Barmherzigkeit und Liebe zu den Sündern für eine Aussetzung der Strafe plädieren würde, wäre das eine grobe Verletzung der mosaischen Gesetze gewesen. Darüber hinaus hatten die Römer sich das Recht vorbehalten, Todesurteile zu verhängen und zu vollstrecken. Jesus erkannte die Falle und erlaubte also die Steinigung mit einer kleinen Einschränkung: Derjenige, der ohne Sünde wäre, sollte den ersten Stein werfen. Natürlich war jedermann klar, dass unter dieser Voraussetzung niemand werfen würde.

Jedem von uns kann es passieren – bildlich gesprochen –, mit Steinen zu werfen, oft aus Neid und Überheblichkeit. Nicht selten soll damit nur von den eigenen Schwächen abgelenkt werden. Dabei hat jeder Mensch seine Grenzen und Fehler und kann zum Ziel von Steinen anderer werden. So ist die biblische Mahnung gegen Pharisäertum zur Alltagsweisheit geworden: »Keiner werfe den ersten Stein.«

Ein Herz und eine Seele

> »Die Menge aber der Gläubigen war ein Herz und eine Seele; auch keiner sagte von seinen Gütern, dass sie sein wären, sondern es war ihnen alles gemein.«
> *Apostelgeschichte 4,32*

Die auffällige Form des Herzens, wie wir es heute kennen, rundlich und am unteren Ende zugespitzt, tauchte zum ersten Mal in England um das Jahr 1100 als eine Art anatomisches Diagramm auf. Seit Jahrhunderten begleitet es uns als Symbol der Liebe. Herzförmig abgebildete Blätter treten in den meisten uns bekannten alten Kulturen auf. In der griechischen, römischen und frühchristlichen Tradition galt das Efeublatt mit seinen herzförmigen Blättern bereits als Zeichen unsterblicher Liebe. Auch das Feigenblatt, das später in der abendländischen Malerei die Scham des sündigen Paares Adam und Eva bedeckte, symbolisierte Lust und Keuschheit gleichermaßen. Mit dem Herz-Jesu-Kult, der Herz-Jesu- und Herz-Mariä-Andacht hat die katholische Kirche die einst heidnische Symbolik übernommen und weiter ausgebaut.

In der sakralen Kunst trugen Engel und Heilige das stilisierte rote Herz in der Hand und reichten es Gott als Zeichen ihrer aufopfernden und unvergänglichen Liebe. Sie folgten damit dem biblischen Gebot, Gott den Herrn zu lieben, und zwar »von ganzem Herzen, von ganzer Seele und von ganzem Gemüte«. Die Seele war aus religiöser Sicht der Sitz von Empfindungen und Charaktermerkmalen. Herz und Seele gehören in der jüdischen und christlichen Gottesverehrung zusammen.

Eine besondere Einheit war wohl auch die Urgemeinde in Jerusalem, von der die Apostelgeschichte berichtet, dass die Menge der Gläubigen angeblich ein Herz und eine Seele war. Sie hatten nicht nur eine gemeinsame Vision, sondern alles gehörte allen gemeinsam, also eine frühchristliche Vision einer kommunistischen Idealwelt – anstelle von »Proletarier aller Länder vereinigt euch« galt damals »Christen aller Länder vereinigt euch«.

Der christliche Auftrag ist längst vergessen, und inzwischen verstehen wir unter dem Ausspruch »ein Herz und eine Seele sein« nur noch ganz oberflächlich das vollkommene, herzliche und ungetrübte Miteinander von Menschen.

Wie Schuppen von den Augen fallen

> »Und alsobald fiel es von seinen Augen wie Schuppen, und
> er ward wieder sehend.«
>
> *Apostelgeschichte 9,18*

Eine Sonnenfinsternis ist ein spektakuläres Ereignis. Der Mond umrundet die Erde, und gemeinsam umkreisen sie die Sonne. Die maximale Sonnenfinsternis tritt ein, wenn der Mond die Sonne komplett verdeckt. Man kann dieses Schauspiel nur selten sehen, es zu beobachten ist riskant, weil ein längeres Betrachten der Sonne die Augen schädigt.

Dass der Apostel Paulus ohne Schutzbrille eine Sonnenfinsternis beobachtet haben könnte, ist sehr unwahrscheinlich. Fakt ist jedoch, dass er plötzlich am helllichten Tag Augenprobleme bekam. Um diesen Verlust der Sehkraft ging es bei dem dramatischen Ereignis, das am Anfang der Christianisierung steht. Es ist sprichwörtlich geworden und gehört zu den großen Geschichten unserer Kultur. Alle Versuche, zu erklären, was wirklich geschah, wäre reine Spekulation, nicht einmal psychologisch ließe sich der Vorgang erschließen. Es war ein spirituelles, geistliches Geschehen; angeblich war es Licht vom Himmel, in das der gesetzestreue Jude Saulus getaucht wurde, das ihn zu Boden warf, ihn blendete und erst einmal blind machte. Doch die Geschichte endete nicht mit Blindheit, sondern ging gut aus. Denn kraft des Heiligen Geistes fiel es ihm wie Schuppen von seinen

Augen, er wurde wieder sehend und erkannte, dass seine Bestimmung die Nachfolge von Jesus Christus war, heißt es im Neuen Testament.

Auch heute passiert es immer wieder, dass es jemand wie Schuppen von den Augen fällt, und in der Regel ist das kein sehr angenehmer Prozess. Denn was vorher verdeckt war, wird plötzlich deutlich, und Zusammenhänge, die zuvor nicht erkannt wurden, werden jetzt klar und zur unübersehbaren, nicht zu leugnenden Wahrheit.

Vom Saulus zum Paulus werden

>»Saulus aber, der auch Paulus heißt, voll heiligen Geistes, sah ihn an.«

Apostelgeschichte 13,9

Wie in vielen Küstenstädten des Mittelmeerraums gab es auch in Tarsus, in der damaligen römischen Provinz Kilikien, eine große jüdische Diaspora-Gemeinde. Zu dieser Gemeinde gehörte auch die strenggläubige Familie von Saulus. Nach jüdischem Brauch hatte Saulus wie sein Vater den Beruf des Zeltmachers erlernt, und gleichzeitig war er zum Thoralehrer ausgebildet worden. Saulus war konservativ, er verlangte die strenge Einhaltung der religiösen Gesetze, und er war ein erbitterter Gegner jener Judenchristen, die in der jüdischen Diaspora erfolgreich missionierten. Diese Leute wollte er stoppen. Ausgestattet mit der offiziellen Vollmacht Roms, verfolgte er gnadenlos diese Christen. Als aus Syrien die Nachricht kam, dass auch dort innerhalb der jüdischen Gemeinde christliche Lehren verbreitet würden, wurde Saulus vom Hohepriester beauftragt, die Verbreitung dieser neuen Ideologien zu verhindern. Entschlossen, diesen Auftrag zu erfüllen, machte sich Saulus mit einer Schar Bewaffneter nach Damaskus auf. Doch dort kam er nie an. Kurz vor den Toren der Stadt hatte er eine dramatische Erscheinung, sie machte aus dem Verfolger einen glühenden Missionar.

Wir kennen die Geschichte als Wandlung vom Saulus

zum Paulus, so als hätte Christus ihm nicht nur ein neues Leben, sondern auch einen neuen Namen gegeben. In Wirklichkeit hat beides nichts miteinander zu tun. Denn auch nach dem Bekehrungserlebnis blieb sein Name Saulus, der Apostel trug beide Namen. Saulus scheint mehr der Name im familiären Umfeld gewesen zu sein, während Paulus der offizielle Name war, unter dem er auch seine berühmten Briefe geschrieben hatte. Richtig ist allerdings, dass Paulus ein anderer geworden war, es war die Wandlung von einem pharisäisch bestimmten Juden zum ersten christlichen Missionar.

Auch mit unserer Redensart bezeichnen wir einen dramatischen Wandel. Wenn nämlich jemand seine Meinung vollkommen ändert und vom Anhänger zum Gegner oder umgekehrt wird, benutzen wir das Namensspiel und sagen, er ist vom Saulus zum Paulus geworden.

Der Jüngste Tag

>»Und zwar hat Gott die Zeit der Unwissenheit übersehen;
>nun aber gebietet er allen Menschen an allen Enden, Buße
>zu tun, darum, dass er einen Tag gesetzt hat, an welchem
>er richten will den Kreis des Erdbodens mit Gerechtigkeit
>durch einen Mann, in welchem er's beschlossen hat und je-
>dermann vorhält den Glauben, nachdem er ihn hat von den
>Toten auferweckt.«
>
> *Apostelgeschichte 17,30*

In vielen Religionen ist der Glaube verbreitet, dass Gott
oder die Götter der Welt ein Ende setzen werden, verbunden mit der Vorstellung an ein letztes Gericht, bei
dem die Guten belohnt und die Schlechten bestraft werden. Im Alten Testament wurde von einigen Propheten
vorhergesagt, dass der Weltuntergang kurz bevorstand.
Diese Tradition wurde auch im Neuen Testament fortge-
führt. Die ersten Christen erwarteten ein baldiges Weltende, wobei dieses Ereignis mit der Wiederkunft Christi
zum Strafgericht verknüpft wurde. Begriffe wie Jüngster
Tag, Jüngstes Gericht, Weltgericht oder Harmagedon
bezeichnen die apokalyptischen Visionen von einem das
Weltgeschehen abschließenden göttlichen Urteil.

Die Vorstellung einer Vollendung der gesamten Schöpfung findet man in einer Vielzahl von Religionen und Mythen, und immer geht es um die Idee eines Endkampfes
zwischen Gut und Böse, Licht und Finsternis. Es handelt sich dabei immer um die letzten Dinge des Mensch-

seins: den Tod, die Gerechtigkeit, die Ewigkeit, die Hölle und das Paradies. Besonders im Mittelalter beschäftigten sich die Menschen mit dem Gedanken, was am Ende aller Tage geschehen werde. Es herrschte eine äußerst pessimistische Grundstimmung, wobei die gesamte Menschheitsgeschichte als Unheilsgeschichte angesehen wurde, die einem schrecklichen Ende zustrebt. Weil Zeit und Ort des Jüngsten Tags ungewiss waren, damals aber die Überzeugung vorherrschte, der Weltuntergang stehe kurz bevor, wurde der Ernst gegenwärtiger Entscheidungen sehr deutlich, und die Menschen bemühten sich, ihr Bestes zu tun, um Gott ihren Glauben zu zeigen und so in den Himmel zu gelangen. Albrecht Dürer zeigte mit den apokalyptischen Reitern das Grauen des bevorstehenden Weltuntergangs.

Bisher ist nichts dergleichen geschehen, dennoch ist das Bewusstsein von einem möglichen plötzlichen Weltende lebendig. Inzwischen hat sich allerdings allgemein die Meinung durchgesetzt, dass der Termin des Jüngsten Gerichts äußerst ungewiss ist und wahrscheinlich noch lange auf sich warten lässt. Wenn wir sagen, eine Entscheidung sei wohl auf den Jüngsten Tag verschoben, dann glauben wir nicht mehr daran, dass sie in absehbarer Zeit behandelt wird.

Mit Engelszungen reden

»Wenn ich mit Menschen- und mit Engelzungen redete und hätte der Liebe nicht, so wäre ich ein tönend Erz oder eine klingende Schelle.«

1. Korinther 13,1

Für manche sind Engel nur Symbolfiguren, für andere sind sie verblassender Kult des Mittelalters oder lediglich ein kunsthistorisches Thema. Manche haben eine Begegnung mit Engeln angeblich erfahren, was durch die Doktrin der Kirche bestätigt und durch Gebete aufrechterhalten wird. Es wird behauptet, Engel seien überall, auch wenn man sie nicht sieht. Sie sind ein beliebtes Objekt der schönen Künste und spätestens zur Weihnachtszeit nicht mehr aus den Straßen, Geschäften und Einkaufspassagen wegzudenken. Von den Freskomalereien eines Raffael und Michelangelo blicken sie uns entgegen und schmücken als barocke Gips- oder Holzfiguren Orgeln und Altäre der Kirchen und Kapellen. Engel sind gute Wesen, und seit Jahrtausenden erzählen sich die Menschen Geschichten von ihren guten Taten. Kaum eine Religion kommt ohne Glauben an göttliche Boten aus.

Nirgends jedoch ist die Engelsvorstellung so eng mit der Assoziation »himmlischer Klänge« verbunden wie im Christentum. Es ist das Bild des gesungenen Gotteslobes »Heilig, heilig, heilig« der Engelvision des Propheten Jesaja und natürlich der Jubelgesang der himmlischen Heerscharen bei der Geburt Jesu. Die allerhöchste Beschäftigung der himmlischen Heerscharen ist gewissermaßen das Singen. Sie sind in erhabenen Chören und Orchestern organisiert und preisen unaufhörlich die geschaffene Welt und vor allem ihren Schöpfer. Dafür steht ihnen eine perfekte Ausdrucksmöglichkeit zur Verfügung und oft auch die für die Hymnologie adäquaten Musikinstrumente. Ihren Gott lobenden und preisenden Kommentar kennen wir als Sanctus, Gloria, Kyrie und Halleluja.

Die Sprache der Engel ist an Gott gerichtet und wird in der Heiligen Schrift mit dem Wort »Engelszungen« bezeichnet. Wobei das Wort »Zunge« die Übersetzung des altgriechischen Wortes »glôssa« ist und auch Sprache bedeuten kann. In der italienischen Sprache von heute gebraucht man nach wie vor das lateinische Wort »lingua« für »Sprache« und »Zunge«. Im Neuen Testament wird auch von Menschen berichtet, die mit Zungen reden, und im weitesten Sinn versteht man darunter eine mehr oder weniger verständliche Sprache der Verzückung. Der Apostel Paulus erklärte allerdings, dass alles Reden ohne Liebe und Hingabe eigentlich nur Geräusch ist, etwas, das Lärm verursacht, das uns zwar hören lässt, das wir aber auch gleich wieder vergessen.

Mit Engelszungen redet man insbesondere, wenn der Diskussionspartner keinen klaren, nicht wegzudiskutierenden Argumenten folgen will. Da sich der gewünschte Erfolg eben manchmal nicht einstellt, ist davon auszugehen, dass es nicht immer von Erfolg gekrönt ist, auf jemanden mit Engelszungen einzureden.

Ja und Amen

»Denn alle Gottesverheißungen sind Ja in ihm und sind Amen in ihm, Gott zu Lobe durch uns.«

2. Korinther 1,20

Die Briefe des Apostels Paulus spiegeln alle Aspekte des täglichen Lebens in der damaligen griechisch-römischen Welt. Sie veranschaulichen insbesondere die Probleme der frühchristlichen Gemeinden und zeigen, wie das Urchristentum entstanden ist. Die Evangelien waren noch gar nicht geschrieben, als die Apostel auszogen, Jesu Botschaft zu verkünden. Ein halbes Jahrhundert nach dem Tod von Jesus wussten Paulus und die ersten Christen kaum Einzelheiten aus dessen Leben und seiner Lehre. Immer wieder stritt man über den richtigen Weg. In seinen Briefen versuchte Paulus den christlichen Glauben in verbindlichen Glaubensaussagen zu fixieren. Für Paulus war in der Person Jesus Christus das »Ja« Gottes zu den Menschen verwirklicht, was besonders im Gebet zum Ausdruck kommen sollte.

Diese Zuversicht sollte durch das abschließende gemeinsame Amen bestätigt werden und bei den Christen auch ein Zusammengehörigkeitsgefühl hervorrufen. Eine Vorgehensweise, die schon im frühen Judentum praktiziert wurde. Mose hatte regelmäßig die Sünden der Menschen verflucht, und nach jedem dieser Flüche musste das ganze Volk laut und deutlich mit dem Ausruf »Amen!« seine Zustimmung kundtun. Das hebräische

Wort »Amen« heißt so viel wie »So sei es« und hatte die gleiche Verbindlichkeit wie ein Handschlag, mit dem man einen Verkauf besiegelte, nachdem man handelseinig geworden war.

Kurze, knappe Worte sind dort entscheidend, wo nicht nur ein Einzelner oder eine kleine Gruppe etwas sagen soll, sondern wo eine große Masse von Menschen quasi mit einer Stimme sprechen will. Heute klappt das offensichtlich im Sport ausgezeichnet: Wenn der Ball ins Tor geht, sammelt sich die ganze Begeisterung in nur einem einzigen Wort: »Tor!« Ein einziges, stürmisch zugerufenes Wort reicht völlig, um die Zustimmung der Fans zu ihrer Mannschaft auszudrücken. Diesen wiederholten, lebhaften Zuruf gibt es auch im Gottesdienst. Liebhaber klassischer Musik werden dabei an das Halleluja von Händel denken, andere an das Amen der Gospelchöre. Das Amen ist nicht nur eine Zustimmungsformel, sondern es hat eine eigenständige liturgische Bedeutung als Gebetsabschluss. Der Beter schließt sich dem Wunsch und der Bitte an, die von Gott gemachten Verheißungen mögen doch in Erfüllung gehen. Das hebräische Amen des jüdischen Gottesdienstes blieb von Anfang an in der christlichen Liturgie und wurde in keine der modernen Volkssprachen übersetzt.

Es hat bereits Jahrtausende überstanden, doch mit dem kleinen Zusatz »ja« haben wir seine Stärke erheblich geschwächt. Mit einem gequälten, unverbindlichen Ja-und-Amen, das nicht mehr ist als ein christliches Okay, ist im heutigen Sprachgebrauch der Typ des »Jasagers« gemeint, der grundsätzlich allem kritiklos zustimmt.

Nicht jedermanns Ding

»Weiter, liebe Brüder, betet für uns, dass das Wort des Herrn laufe und gepriesen werde wie bei euch, und dass wir erlöst werden von den unverständigen und argen Menschen. Denn der Glaube ist nicht jedermanns Ding.«

2. Thessalonicher 3,1–2

De gustibus non est disputandum – über die Geschmäcker soll man nicht streiten – wusste man schon im alten Rom. Persönlicher Geschmack und individuelle Vorlieben haben oft nichts mit der wahren Qualität des gewünschten Objekts zu tun. Wie das Gehirn zu seinen Vorlieben kommt, vermutet man folgendermaßen: Menschen funktionieren nicht viel anders als die berühmten Pawlowschen Hunde. Dass Mensch und Tier in der Lage sind, prinzipiell sinnlose Reize mit positiven Erfahrungen oder Bedeutungen zu verknüpfen, ist lange bekannt. Der russische Mediziner Iwan Petrowitsch Pawlow hatte vor rund hundert Jahren festgestellt, dass Hunden das Wasser nicht erst beim Sehen und Riechen von Nahrung im Maul zusammenläuft, sondern auch wenn beispielsweise ein Glöckchen klingelt – sofern der Glockenklang jedes Mal Aussicht auf Futter verspricht.

Die Vorlieben etwa für verschiedene Geschmacksrichtungen von Nahrungsmitteln ergeben sich aus der eigenen Erfahrung. Wem Süßes liegt, schmeckt Süßes. Wer Salziges bevorzugt, sucht eben Salziges. Daraus entwickelt sich mit der Zeit ein persönliches Muster von Vorlieben und Auswahlkriterien. Neben spezifisch weiblichen und männlichen Vorlieben gibt es auch allgemeine kulturelle und regionale Vorlieben und ganz persönliche oder gar ziemlich spezielle Neigungen. Wie gesagt, über Geschmack lässt sich nicht streiten, zum Beispiel ist die Liebe zu Spinnen nicht jedermanns Sache.

Genauso schreibt der Apostel Paulus in seinem zweiten Thessalonicherbrief über den Glauben. »Der Glaube ist nicht jedermanns Ding«, es muss ihn also nicht jeder haben, und genau diesen Sachverhalt wollen wir noch heute mit dieser Redewendung ausdrücken. Denn wenn wir an einer Sache überhaupt kein persönliches Interesse haben, sagen wir, das ist nicht jedermanns Ding.

Unschuldslamm

»Und wisset, dass ihr nicht mit vergänglichem Silber oder Gold erlöst seid von eurem eitlen Wandel nach väterlicher Weise, sondern mit dem teuren Blut Christi als eines unschuldigen und unbefleckten Lammes.«

1. Petrus 1,18–19

Zum Frühlingsbeginn gehören saftige grüne Wiesen, auf denen Schafe und neugeborene Lämmer weiden. Wahrscheinlich fand der Auszug der Kinder Israels aus Ägypten um diese Jahreszeit statt. Zur Erinnerung an dieses Ereignis ist es bei den Juden in ihrem Frühlingsmonat Sitte, am Pessachfest ein Lamm zu schlachten und zu verzehren. Im 2. Mose wird gefordert, dass die Israeliten ein fehlerfreies, einjähriges männliches Lamm schlachten sollten. Mit dem Blut mussten sie die beiden Türpfosten und den Türsturz an den Häusern bestreichen, in denen das Lamm aufgetischt werden sollte. Der Grund für die etwas bizarre blutige Dekoration war der, dass man glaubte, die jüdischen Familien würden dadurch vor dem göttlichen Strafgericht verschont bleiben. Tatsächlich rettete das Blut des Lammes das Leben der erstgeborenen Israeliten, die sonst durch einen Todesengel ihr Leben verloren hätten.

Junge Schafe als Opfertiere zu verwenden hat eine lange religiöse Tradition und eine tiefe theologische Bedeutung. Für die Christen wurde das Lamm als Zeichen der Wehrlosigkeit, Geduld und Friedfertigkeit zu einem

Symbol für Jesus, denn Christus wurde als Paschalamm geopfert, wie es im ersten Korintherbrief heißt. Mit der Siegesfahne abgebildet, soll es heute den Auferstandenen darstellen: makellos und ohne Fehl – als Sieger über den Tod. Im Mittelalter wurden auch im Christentum Lämmer gesegnet und bevorzugt als Osterfestessen zubereitet, und bis zur Mitte des sechzehnten Jahrhunderts war ein Lammbraten Bestandteil der österlichen Festtafel. Dann wandelte sich diese Sitte, und es gab immer häufiger Hasen- anstatt Lammbraten.

Heute bringt der Osterhase die Eier und für das Ostermahl werden die Osterlämmer aus Kuchenteig gebacken. Auch unsere Alltagssprache kennt Unschuldslämmer, doch ob sie wirklich unschuldig sind, darf angezweifelt werden. Auch wenn Unschuld generell das Freisein von Schuld an etwas bedeutet, kann man davon ausgehen, dass auch guten Menschen durchaus mal ein Missgeschick passieren kann. Deswegen darf man getrost dem heutigen sprichwörtlichen Unschuldslamm eine gewisse Naivität unterstellen.

In jemandes Fußstapfen treten

> »Denn dazu seid ihr berufen; sintemal auch Christus gelitten hat für uns und uns ein Vorbild gelassen, dass ihr sollt nachfolgen seinen Fußtapfen.«
>
> *1. Petrus 2,21*

Charismatische Personen der Geschichte üben einen großen Zauber aus. Zum Beispiel Albert Schweitzer, der Wegbereiter einer neuen Menschlichkeit, der nicht nur dozierender Wegweiser und moralisierender Mahner war, sondern dessen Leben und Denken eine unlösbare Einheit bildeten. Es war die außergewöhnliche Sensibilität für das Elend und das Leid seiner Mitwelt, die entscheidend seine Ethik prägte und die den »Urwalddoktor« zum edlen Vorbild machte. Auch Mutter Teresa ist einen beispielhaften Weg gegangen. Die albanische Ordensschwester fühlte sich berufen, sich um die Ärmsten in den Slums von Kalkutta zu kümmern. Vor allem ihre hingebungsvolle Zuwendung Sterbenden gegenüber machte sie zu einem großen Vorbild. Zu den bedeutendsten vorbildhaften Persönlichkeiten zählt auch Mahatma Gandhi. Sein gewaltfreier Widerstand machte ihn für viele zu einer Ikone des internationalen Pazifismus.

Die genannten und viele weitere Menschen dienen als Idole nachfolgender Generationen. Sie alle hatten in ihrer Vorbildfunktion jedoch einen noch berühmteren Vorgänger. Wenn es um erstrebenswerte Lebensziele geht, ging Jesus sicher den richtigen Weg. Deshalb werden die

Christen aufgefordert, seinen Fußstapfen zu folgen. Oft scheitert diese Nachfolge trotz größter Anstrengung, weil man leider einsehen muss, dass diese Vorgaben nicht erfüllt werden können. In einem ersten Brief hat der Apostel Petrus einen ganzen Katalog an Verhaltensmaßregeln als Orientierungshilfe für Christen zusammengestellt: Enthaltsamkeit, Rechtschaffenheit, Gesetzestreue, nicht sündigen, nicht betrügen, kurz die Gebote Gottes einhalten.

An die heute übliche Redensart ist kein Verhaltenskodex mehr gekoppelt. In jemandes Fußstapfen zu treten bedeutet heute nicht nur, sein Leben entsprechend einem guten Vorbild auszurichten, sondern einfach, dem Weg eines manchmal auch nicht vorbildlichen Vorgängers zu folgen.

Ein Buch mit sieben Siegeln

»Und ich sah in der rechten Hand des, der auf dem Stuhl saß, ein Buch, beschrieben inwendig und auswendig, versiegelt mit sieben Siegeln.«

Offenbarung 5,1

Die Offenbarung ist das einzige apokalyptische Buch des Neuen Testaments. Wenn wir heute von Apokalypse oder von apokalyptisch sprechen, dann denken wir an Endzeit und Weltuntergangsstimmung. Das griechische Wort »apokalyptein« bedeutet so viel wie »offenbaren«. In diesem Teil des Neuen Testaments wird verkündet, was die Christen in der nahen oder fernen Zukunft erwarten wird. Zahlensymbole, Farbdeutungen und Namensmystik machen die dargestellten Visionen allerdings ziemlich vieldeutig und für die meisten unverständlich.

Anscheinend spielt die Zahl Sieben in diesem Buch eine gewichtige Rolle: Sieben Gemeinden werden angeschrieben, sieben Engel blasen Posaunen, sieben Tonschalen werden ausgegossen und sieben Leuchter angezündet. Seit je gilt die Zahl Sieben in vielen Kulturen als heilige Zahl. Sieben ist die Anzahl der auch vor Tausenden von Jahren mit bloßem Auge sichtbaren und scheinbar beweglichen Himmelskörper. Nach der jüdischen Religion wurde die Welt in sieben Tagen erschaffen, und auch in der christlichen Religion treffen wir immer wieder auf diese Zahl: sieben Sakramente, sieben Tugenden und sieben Hauptsünden.

Jedenfalls wurde die Johannesoffenbarung durch seine geheimnisvolle Zahlensymbolik mehr als irgendein anderes Buch der Bibel zur Quelle kabbalistischer Geheimniskrämer und pseudowissenschaftlicher Gratwanderer. Es gibt nur wenige Sätze in diesem Text, die ohne Symbolgehalt und ohne mystischen Doppelsinn sind. Ob es Absicht war und das einfache Volk nicht verstehen sollte, was in diesem Buch verkündet wurde, wissen wir nicht.

Geheimnisvoll ist vor allem die Schilderung einer Buchrolle, die angeblich innen und außen beschrieben und mit sieben Siegeln verschlossen war. Alles in dem Schlusskapitel des Neuen Testaments scheint verschlüsselt, rätselhaft und chiffriert. So ist es kein Wunder, dass wir in der Alltagsprache mit dem Ausdruck »ein Buch mit sieben Siegeln« ein Wissensgebiet beschreiben, das unverständlich, schwer zugänglich oder schwer zu begreifen ist.

Der Teufel ist los

»Und er griff den Drachen, die alte Schlange, welche ist der Teufel und Satan, und band ihn tausend Jahre und warf ihn in den Abgrund und verschloss ihn und versiegelte obendrauf, dass er nicht mehr verführen sollte die Heiden, bis dass vollendet würden tausend Jahre; und darnach muss er los werden eine kleine Zeit.«

Offenbarung 20,2–3

Der Teufel verkörpert sich in mehr Gestalten als jede andere mythologische Figur. Manche stellten sich im Reich des Bösen eine hierarchische Ordnung vor, andere vermuteten Chaos und Unordnung, wobei zwei Attribute des Teufels immer wieder betont wurden: Die übernatürliche, fast göttlich anmutende Qualität seiner Intelligenz und seine sexuelle Potenz. Außerdem wurde alles Anormale dem Teufel zugeschrieben. Damit waren alle heidnischen Bräuche, Astrologie, Wahrsagerei, aber auch viele naturwissenschaftliche Erkenntnisse gemeint. Die Auffassung, dass Wollust und Begehren ein Werk des Teufels sind, war zur Blütezeit der Inquisition schon mehr als tausend Jahre alt. Sie hat ihren Ursprung in Schriften des heiligen Augustinus, die der berühmte Kirchenvater um das Jahr 420 verfasst hatte. Die ehemals nur düstere Gestalt des Teufels verwandelte sich hier in einen unersättlichen Verführer, sündig und lüstern wie die Satyrn der Klassik.

Mit Beginn der Aufklärung, einer Epoche, in der jede

Art von Aberglauben kritisiert und bekämpft wurde, ging es für den Teufel der mittelalterlichen Welt bergab. Doch noch vor nicht allzu langer Zeit scheuten sich die Menschen, den Teufel beim Namen zu nennen, weil sie fürchteten, ihn anzulocken. Ersatzwörter wie Deibel, Deixel oder der Leibhaftige erinnern daran. Unsere Vorfahren fürchteten sich auch davor, den Teufel tatsächlich an die Wand zu malen, weil ihn das möglicherweise herbeiführen könnte. »Redet man vom Teufel, kommt er!«, lehrt ein Sprichwort, und auch in dem Spruch »auf Teufel komm raus« wirkt noch der alte Glaube, dass man den Teufel durch bestimmte Handlungen und Haltungen anlocken könnte. Dabei ist diese Redewendung erst im neunzehnten Jahrhundert entstanden.

Heute haben nur noch wenige wirklich Angst vor dem Teufel. Dennoch lässt er uns im täglichen Leben keine Ruhe, wie unsere Sprache zeigt: Da hat wohl der Teufel seine Hand im Spiel – wie vom Teufel geritten – hol's der Teufel – pfui Teufel – der Teufel steckt im Detail – das bringt uns in Teufels Küche – zum Teufel damit – das ist ja des Teufels. All diese Worte sagt man so dahin, doch im Gegensatz zu früher werden Schlüsse und Konsequenzen nicht unbedingt erwartet. »Da ist der Teufel los!« war früher ein Ausruf des Entsetzens. Heute finden wir es in der Regel dort, wo der Teufel los ist, ganz besonders toll, denn diese Redewendung besagt, dass es an diesem Ort ganz bestimmt nicht langweilig ist.

Schlussbemerkung

Seit »wir Papst sind«, seit Benedetto-Rufe durchs Land schallen und der Fernsehstar Hape Kerkeling den Jakobsweg bewandert hat, haben religiöse Themen Hochkonjunktur. »Jeder trägt sein Scherflein bei« lautete eine Überschrift im Lokalteil der Süddeutschen Zeitung Anfang Februar 2008. Es ist davon auszugehen, dass die meisten Leser wussten, was dieser Satz vermitteln sollte, nämlich, dass die im Artikel genannten Menschen ihren Beitrag für eine bestimmte gute Sache leisten wollten.

Nahezu täglich findet man in den Medien Schlagworte und Aufmacher biblischen Ursprungs. Es gibt Meldungen über Hiobsbotschaften, barmherzige Samariter, Judasküsse oder den schnöden Mammon. Über sechshundert Ausdrücke biblischen Ursprungs werden im *Großen Büchmann*, dem Standardwerk für geflügelte Worte, genannt.

Allein durch die geschickte Aneinanderreihung der einzelnen Redewendungen könnte man eine ganze Geschichte erzählen. Wir sind nicht von »Pontius zu Pilatus« gelaufen, haben nicht »Krethi und Plethi« gefragt und wollten auf keinen Fall irgendjemandem »die Leviten lesen«. Wir wollten einfach die Geschichte und die Geschichten hinter einigen der gebräuchlichsten Redewendungen aus der Heiligen Schrift erzählen, möglichst kurzweilig, überraschend und amüsant.

Unabhängig vom persönlichen Glauben ist die Heilige Schrift eine der bedeutendsten kulturgeschichtlichen

Quellen. Wir wollen also »unser Scherflein dazu beitragen«, diese Quellen zu erschließen.

Die Suche nach Spuren von Religion in der deutschen Sprache kann und soll hier nicht erschöpfend behandelt werden, und so sagen wir für jetzt einfach »Adieu«, grüßen also mit der Abschiedsformel, die im siebzehnten Jahrhundert aus dem Französischen übernommen wurde und wörtlich übersetzt »zu Gott«, also »Gott befohlen«, bedeutet.

Georg Büchmann

Der große Büchmann

Geflügelte Worte von Aristoteles bis Zappa

Ob nachdenklich oder heiter, ob literarisch oder umgangssprachlich: Georg Büchmanns *Geflügelte Worte*
bieten eine wahre Fundgrube für alle, die Sprichwörter
und Redewendungen schätzen und für bestimmte Situationen das passende Zitat suchen.

Die erheblich erweiterte Neuausgabe spannt den Bogen
von der Antike bis in die Gegenwart: eine unerschöpf-
liche Schatztruhe.

Knaur Taschenbuch Verlag

Claus-Peter Hutter, Eva Goris

Warum haben Gänse Füßchen?

Vom Ursprung unserer Wörter und Redensarten

Wohl jeder kennt solche Wörter und Redewendungen, die man wie selbstverständlich verwendet, ohne ihre wahre Bedeutung zu kennen.

– Wer führt Böses im Schilde?
– Woher kommt das blaue Blut?
– Was macht ein Prügelknabe auf dem Holzweg?
– Und warum heißt die Schokolade eigentlich Schokolade?

Eva Goris und Claus-Peter Hutter haben sich auf die Suche nach den Wurzeln dieser Begriffe und Redensarten gemacht und erzählen in diesem Buch deren wahre Bedeutung. Immer interessant und häufig verblüffend. Ein unterhaltsamer Streifzug durch bekannte Wörter und Redewendungen.

Knaur Taschenbuch Verlag